한 번 봐도 두 번 외운 효과! **두뇌 자극 한자 책**

바빠 급수 한자 시리즈
20일 안에 한자 자격증 따기

김정미, 강민 지음

바른 빠른

초등학생을 위한

급수한자

7급 2권

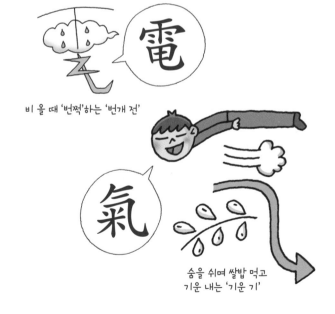

電

비 올 때 '번쩍'하는 '번개 전'

氣

숨을 쉬며 쌀밥 먹고
기운 내는 '기운 기'

이지스에듀

저자 소개

김정미 선생님은 서울 교대에서 초등교육을 전공하고, 올해로 20년째 교단을 지키고 있는 선생님이다. 남편 강민 선생님과 함께 《우리집은 한자 창의력 놀이터》, 《한자 무작정 따라하기》 등을 집필하였다.
어원을 그림으로 그려 설명하고 획순에 이야기를 담아 어린 아이들도 한자를 쉽게 익히고 급수를 딸 수 있도록 《바쁜 초등학생을 위한 빠른 급수 한자-8급》 등 바빠 급수 한자 시리즈를 공동 집필하였다.

강민 선생님은 서울대 인문대를 졸업한 후, 컴퓨터 프로그래머로 일하며 한자를 좋아하여 관심을 두다가, 18년 전 첫 아이 태교를 하면서 본격적으로 한자의 모양과 소리와 뜻을 파헤치기 시작했다. 부인 김정미 선생님과 함께 《우리집은 한자 창의력 놀이터》, 《한자 무작정 따라하기》 등을 출간했다. 한자가 쉽게 외워지는 세 박자 풀이말을 고안해 어려운 한자도 노래하듯 풀이말을 읽으면 척척 써낼 수 있도록 하였다.
지금은 LEGO 에듀케이션 공식인증러닝센터 CiC에듀(분당 서현 www.cicedu.co.kr)를 운영하고 있다.

'바빠 급수 한자' 시리즈

바쁜 초등학생을 위한 빠른 급수 한자 – 7급 2권

초판 1쇄 발행 2016년 11월 10일
초판 11쇄 발행 2024년 3월 20일
지은이 김정미, 강민
발행인 이지연
펴낸곳 이지스퍼블리싱(주)
출판사 등록번호 제313-2010-123호
주소 서울시 마포구 잔다리로 109 이지스 빌딩 5층
대표전화 02-325-1722   팩스 02-326-1723
이지스퍼블리싱 홈페이지 www.easyspub.com   이지스에듀 카페 www.easyspub.co.kr
바빠 아지트 블로그 blog.naver.com/easyspub   인스타그램 @easys_edu
페이스북 www.facebook.com/easyspub2014   이메일 service@easyspub.co.kr

본부장 조은미   기획 및 책임 편집 정지연 | 이지혜, 박지연, 김현주   교정 교열 박진영
일러스트 김학수   표지 및 내지 디자인 트윈글터   전산편집 트윈글터   인쇄 보광문화사
마케팅 박정현, 한송이, 이나리   독자 지원 오경신, 박애림
영업 및 문의 이주동, 김요한(support@easyspub.co.kr)

ISBN 979-11-87370-64-2 64710
ISBN 979-11-87370-27-7(세트)
가격 9,000원

• **이지스에듀**는 이지스퍼블리싱(주)의 교육 브랜드입니다.

한 번 봐도 두 번 외운 효과! 20일이면 7급 시험 준비 끝!

한자는 모든 공부의 바탕입니다.

교과서에 나오는 단어의 90% 이상이 한자어입니다. 수학 교과서에는 '시각'과 '시간'이 나옵니다. '시각(時刻)'의 '각'은 '새길 각'이므로 시간을 한 지점을 새겨 표시하듯 시간의 어느 한 지점을 나타냅니다. 반면, '시간(時間)'의 '간'은 '사이 간'이므로 시각과 시각의 사이라는 것을 알 수 있습니다. 그래서 '쉬는 시간이 끝나는 시각은 10시'와 같이 올바른 용어를 사용할 수 있습니다. 이처럼 한자를 익히면 학습 용어를 정확하고 쉽게 이해할 수 있습니다.
주요 과목을 공부하기 전, 반드시 필수 한자를 익히도록 지도해 주세요! 한자를 먼저 익히면 학습 용어 이해력이 높아져 이후 모든 과목의 공부에 큰 도움이 됩니다!

급수 시험은 한자 공부에 집중할 수 있는 좋은 계기입니다.

그런데 학습의 바탕이 되는 이 한자를 학교에서는 체계적으로 알려주지 않습니다. 어디부터 시작해야 할지 막연하다면 한자 급수 시험을 보는 것도 좋은 계기가 됩니다. 목표를 정하면 짧은 시간 안에 효과적으로 한자 공부를 할 수 있으니까요. 7급 한자는 초등 교과 공부의 바탕이 되는 기초 한자 100자로 이루어져 있습니다. 8급 50자, 7급 100자를 익히면 초등 1~2학년 학습 용어의 참뜻을 잘 알 수 있습니다.

한자 학습의 지루함과 암기의 어려움을 해결하는 6가지 방법

그런데 문제는 두 가지. 한자도 공부인지라 지겹다는 것과 또 하나는 힘들게 공부한 한자를 다음날이면 잊어버린다는 겁니다. 이를 해결하기 위해 연구에 연구를 거듭한 결과가 바로 이 책입니다.

1. '한자의 획'을 '그림의 선'으로 구현

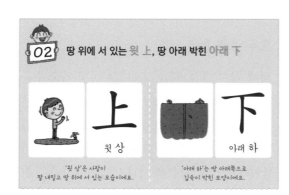

기존의 급수 책은 한자의 뜻을 단순히 그림으로 나타낼 뿐입니다. 이 책은 '한자의 획'을 '그림의 선'으로 그려 그림을 몇 번 보면 한자를 쉽게 익힐 수 있습니다. 이렇게 익히면 공룡 화석을 보면 공룡이 떠오르듯 한자를 보면 바로 그림과 뜻이 떠오릅니다. '하늘 아래 팔 벌린 하늘 천(天)'처럼 한자마다 별명을 붙여 한 번 보면 쉽게 생각납니다.

2. 암기 효과를 2배로 높여 주는 '세 박자 풀이말'

한 획 한 획을 쓸 때 운율이 있는 풀이말을 붙여놓아 이야기를 기억하면 한자가 자연스럽게 써집니다. 또한 이야기가 복잡해지지 않도록 가급적 세 박자 안에 끝나도록 만들었습니다.

3. 물방울에 지워진 한자를 살려내듯 기억에 오래 남는 한자 쓰기

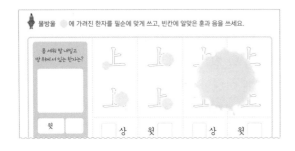

베껴 쓰듯 공부하면 머리에는 남지 않고 손만 아픈 공부 노동이 됩니다. 인지학습 분야에 저명한 전문가의 말에 따르면 학습에 적정한 어려움이 있을 때 기억에 오래 남는다고 합니다. 이 책은 물방울 모양이 적정한 어려움으로 작용해 한자가 학습자의 뇌리에 오래 남습니다.

4. 교과서 문장으로 다시 한 번 확인해 어휘력 향상까지!

이 책은 앞에서 외운 한자를 교과서 문장을 통해 확인합니다. 교과서 용어와 일상적으로 쓰는 어휘에서 아이들이 한자를 발견하고 한자를 통해 어려운 개념을 쉽게 이해할 수 있습니다.

5. 망각이 일어나기 전에 다시 기억하도록 복습 단계 구성!

앞 과에서 배운 한자가 다음 과의 문제 속에 등장하므로 자주 복습하게 됩니다. 이는 뇌의 단기 기억을 장기 기억으로 바꾸는 역할을 합니다. 또한 복습용 과들은 7급 시험 기출 문제를 재구성해 실전에 대비하도록 하였습니다.

6. 모의고사 2회 수록 - 시험을 보러 가지 않아도 모두 풀면 합격 인증!

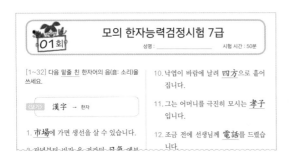

'바빠 급수 한자 -7급' 2권에는 실제 기출 수준의 문제 2회가 수록되어 있습니다. 7급 시험은 70점 이상(70문항 중 49문항)을 획득하면 합격입니다. 모의고사 2회 결과가 모두 70점 이상이라면 실제 시험을 치르지 않아도 7급을 취득한 것과 마찬가지입니다.

 **목차**　바쁜 초등학생을 위한 빠른 급수 한자 - 7급 2권

한자능력검정시험을 보기 전에 알아 두면 좋아요!

1. 시험 일정은?

보통 2월, 6월, 8월, 11월 넷째 주 토요일에 실시합니다. 교육급수시험(4급~8급)의 시험 시간은 오전 11시, 공인급수시험(특급~3급Ⅱ)은 오후 3시로 서로 다릅니다. 또한 매년 시험 날짜가 바뀔 수 있으므로 반드시 한국어문회 홈페이지(www.hanja.re.kr)에서 확인해야 합니다.

2. 7급과 7급Ⅱ는 무엇이 다른가요?

한자능력검정시험은 교육급수(4급~8급)와 공인급수(특급~3급Ⅱ)로 나뉩니다.

교육급수에 해당하는 7급과 7급Ⅱ는 각각 별도의 급수입니다. **급수Ⅱ는 상위 급수와 하위 급수 배정한자 수의 차이를 줄이기 위한 급수입니다.** 7급Ⅱ는 100자, 7급은 150자를 읽을 수 있어야 합니다. 7급Ⅱ 100자와 7급 150자에는 모두 8급 한자 50자가 포함되어 있습니다. 모든 급수 한자는 아래 급수에서 배운 한자를 포함합니다.

급수	읽기	쓰기
8급	50	0
7급Ⅱ	100	0
7급	150	0
6급Ⅱ	225	50
6급	300	150
5급Ⅱ	400	225
5급	500	300
4급Ⅱ	750	400
4급	1,000	500

3. 어떤 유형의 문제가 나오나요?

7급은 한자의 소리(음)를 묻는 독음 문제와 한자의 뜻과 소리를 동시에 묻는 훈음 문제가 대부분입니다.(70문항 중 62문항) 이 외에 반의어, 한자어 완성, 뜻풀이, 필순 유형이 각각 2문제씩 총 8문제가 출제됩니다.

7급Ⅱ는 7급과 비슷하나 독음 문제가 10문제 적어 총 60문항입니다.

구분	6급	6급Ⅱ	7급	7급Ⅱ	8급
* 독음	33	32	32	22	24
* 훈음	22	29	30	30	24
장단음	0	0	0	0	0
* 반의어	3	2	2	2	0
* 완성형	3	2	2	2	0
부수	0	0	0	0	0
동의어	2	0	0	0	0
동음이의어	2	0	0	0	0
* 뜻풀이	2	2	2	2	0
약자	0	0	0	0	0
한자 쓰기	20	10	0	0	0
* 필순	3	3	2	2	2
한문	0	0	0	0	0

4. 시험 시간 및 문항 수는 어떻게 되나요?

시험 시간은 50분이고, 합격 기준은 70점 이상입니다. 곧 7급은 70문항 중 49문항, 7급Ⅱ는 60문항 중 42문항 이상 맞히면 합격입니다.

급수	출제 문항	합격 문항
8급	50	35
7급Ⅱ	60	42
7급	70	49
6급Ⅱ	80	56
6급	90	63
5급Ⅱ·5급·4급Ⅱ·4급	100	70

나만의 7급 한자 공부 일정표

• 공부를 끝낸 후, 배운 한자를 쓰면서 정리해 보세요.

날짜	배운 한자 쓰기	날짜	배운 한자 쓰기
/	夕	/	
/		/	
/		/	
/		/	
/		/	
/		/	
/		/	
/		/	
/		/	

'바빠 급수 한자 – 7급' I, 2권을 한 권에 10일씩, 20일만 공부하면 7급 자격증을 딸 수 있어요!

2권 공부 계획을 세워 보세요.	
8급 한자는 자신 있나요? 7급 시험을 차근차근 준비하고 싶다면 **하루 1~2과씩** 20일 안에 공부하세요!	20일 완성
빠르게 끝내고 싶다면 **하루 2과씩** 15일 안에 공부하세요!	15일 완성
시험이 코 앞! 고학년이라면 10일 안에도 끝낼 수 있어요. **3과씩** 공부하세요!	10일 완성

한자를 쓰는 순서, 필순을 알면 쉽다!

필순을 왜 공부해야 할까?

처음 한자를 공부하면 한자를 쓰는 일이 어렵게 느껴집니다. 한글과 달리 일정한 규칙이 없는 것처럼 느껴지니까요. 하지만 한자도 쓰는 규칙이 있습니다. 필순은 붓(筆)으로 획을 쓰는 순서(順)라는 뜻입니다. 오랜 세월 한자를 쓰면서 자연스럽게 필순이 정해졌습니다. 한글보다 획이 많은 한자는 필순에 맞게 써야 쓰기도 편하고 글자 모양도 아름답습니다.

필순의 7가지 규칙

이 책에서는 기본 규칙을 7가지로 정리했습니다. 필순을 외우려고 애쓰기보다는 앞으로 배울 한자를 자연스럽게 쓰기 위해 가볍게 점검하는 정도로 학습하면 됩니다. '바빠 급수 한자 – 7급' 속 풀이말을 따라 공부하면 필순은 자연스럽게 익혀집니다.

1. '人(시옷)'과 같은 순서로 씁니다.

2. 가로획과 세로획이 만날 때는 가로획을 먼저 씁니다.

3. ⏐(갈고리)가 글자의 한가운데 오면 갈고리 모양을 맨 먼저 씁니다.

예 小(작을 소)

4. 양쪽 점을 먼저 씁니다.

5. 口(입 구)와 비슷한 한자는 한글의 'ㅁ'과 같은 순서로 씁니다.

　예　日(날 일), 白(흰 백), 國(나라 국)

6. 글자 가운데를 뚫고 지나가는 획은 마지막에 씁니다.

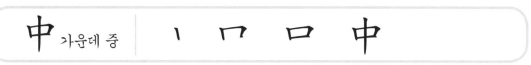

　예　軍(군사 군)

7. ノ(삐침)을 먼저 쓰고 乀(파임)을 나중에 씁니다.

　예　敎(가르칠 교), 校(학교 교)

이외에도 '위에서 아래로 쓴다', '왼쪽에서 오른쪽으로 쓴다'라는 규칙이 있으나 자연스럽게 익힐 수 있으므로 다루지 않았습니다. 또한 필순에 예외가 많아 한자를 쓰는 기본 규칙을 알아두는 정도로 학습하는 것이 좋습니다. 본격적인 한자 학습은 풀이말로 한자를 외우는 방법이 효과적입니다.

필순
퀴즈

다음 한자는 어떤 순서로 쓸까요?

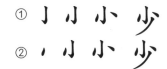

① 정답

9

01 달이 반쯤 뜬 저녁 夕, 저녁에 부르는 이름 名

夕
저녁 석

'저녁 석'은 달(月)이 동산에
반쯤 떠오른 모양이에요.

名
이름 명

'이름 명'은 어두컴컴한 저녁(夕)에
사람이 보이지 않아 입 벌려 이름을 부르는
모습이에요.

 풀이말을 큰 소리로 읽으며 획을 따라 쓰세요.

따라 써 봐!

夕	夕	夕	夕
달이	반쯤 떠오른	저녁 석	저녁 석

名	名	名	名
저녁에	입 벌려 부르는	이름 명	이름 명

 夕은 月(달 월)을 반만 그렸어요.

필순 夕은 ⺈을 먼저 쓰고 그 안에 ﹅를 써요.

10

물방울 ◯ 에 가려진 한자를 필순에 맞게 쓰고, 빈칸에 알맞은 훈과 음을 쓰세요.

달이 반쯤 떠오른 한자는?	夕	夕	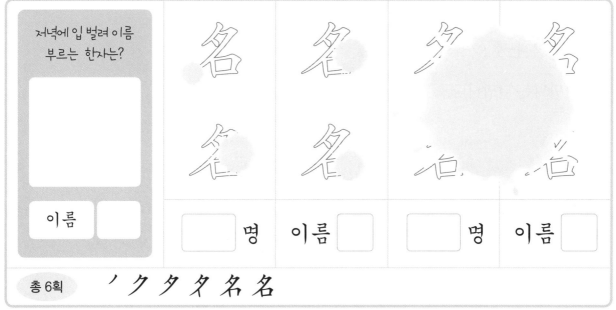	夕
저녁 ◯	◯ 석	저녁 ◯	◯ 석	저녁 ◯
총 3획　ノクタ				

저녁에 입 벌려 이름 부르는 한자는?	名	名		名
이름 ◯	◯ 명	이름 ◯	◯ 명	이름 ◯
총 6획　ノクタタ名名				

 한자의 음을 쓰세요.

❶ 팔월 한가위 **秋夕**　　추◯

❷ 땅이름 **地名**　　지◯

❸ 견우직녀가 만나는 **七夕**　　◯◯

❹ 이름난 사물 **名物**　　◯물

예습! 7급 한자　秋(가을 추) 地(땅 지) 物(물건 물)　　복습! 8급 한자　七(일곱 칠)

문장을 소리 내어 읽고 한자의 음을 쓰세요.

소리 내어 문장 읽기	한자 음 쓰기
❶ 천안의 **名物**은 호두과자입니다.	물
❷ **秋夕**에는 햇곡식으로 음식을 차리고 차례를 지냅니다.	추
❸ 지금은 고유어로 된 **地名**이 많이 사라졌습니다.	지
❹ 칠월 **七夕**은 견우와 직녀가 만나는 날입니다.	

도전! 7급 시험

밑줄 친 뜻에 해당하는 한자를 찾거나, 음에 해당하는 한자어를 <보기>에서 찾아보세요.

<보기> ① 秋夕   ② 地名   ③ 夕   ④ 名   ⑤ 七夕

1. 엄마, 이 떡은 <u>이름</u>이 뭐예요? ＿＿＿＿＿
2. 송편은 <u>추석</u> 때 먹는 명절 음식입니다. ＿＿＿＿＿
3. 이 지도는 <u>지명</u>이 영어로 적혀 있습니다. ＿＿＿＿＿
4. 학예회는 <u>저녁</u> 6시에 시작합니다. ＿＿＿＿＿

02 땅 위에 서 있는 윗 上, 땅 아래 박힌 아래 下

윗 상

'윗 상'은 사람이
팔 내밀고 땅 위에 서 있는 모습이에요.

아래 하

'아래 하'는 땅 아래쪽으로
깊숙이 박힌 모양이에요.

 풀이말을 큰 소리로 읽으며 획을 따라 쓰세요.

따라 써 봐!

上	上	上	上
몸 세워 팔 내밀고	땅 위에 서 있는	윗 상	윗 상

下	下	下	下
땅 아래	깊이 박힌	아래 하	아래 하

上下에서 가로획 ㅡ은 땅을 가리켜요. 그래서 上下는 땅 위와 아래를 나타내는 '윗 상', '아래 하'예요.

반의어 上(윗 상) ↔ 下(아래 하)

13

물방울 ⬤ 에 가려진 한자를 필순에 맞게 쓰고, 빈칸에 알맞은 훈과 음을 쓰세요.

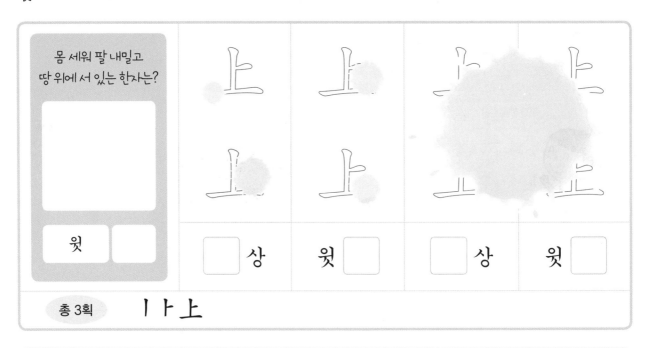

몸 세워 팔 내밀고
땅 위에 서 있는 한자는?

윗 ☐

총 3획 ㅣ ㅏ 上

☐ 상   윗 ☐   ☐ 상   윗 ☐

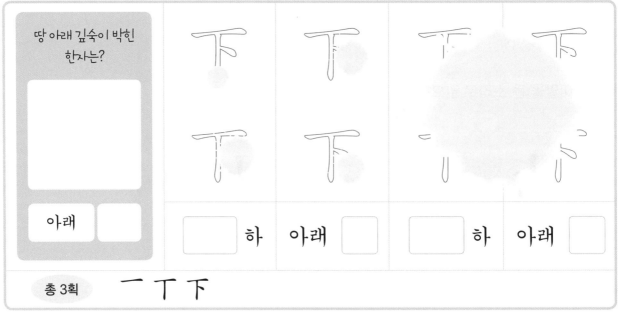

땅 아래 깊숙이 박힌
한자는?

아래 ☐

총 3획 ㅡ ㅜ 下

☐ 하   아래 ☐   ☐ 하   아래 ☐

 한자의 음을 쓰세요.

❶ 사람이 사는 곳 世上 세 ___   ❷ 산에서 내려옴 下山 ___

❸ 높은 하늘 上空 ___ 공   ❹ 아랫사람 下人 ___

예습! 7급 한자 世(인간 세) 空(빌 공)   **복습!** 8급 한자 山(메 산) 人(사람 인)

14

문장을 소리 내어 읽고 한자의 음을 쓰세요.

소리 내어 문장 읽기	한자 음 쓰기
❶ 우리 비행기는 현재 인천 **上空**을 날고 있습니다.	공
❷ 밤새 눈이 내려 온 **世上**이 하얗게 변했습니다.	세
❸ **下山**을 너무 늦게 하면 어두워져 길을 잃기 쉽습니다.	
❹ 어릴 때 그는 부잣집에서 **下人** 노릇을 했습니다.	

도전! 7급 시험

밑줄 친 뜻에 해당하는 한자를 찾거나, 음에 해당하는 한자어를 〈보기〉에서 찾아보세요.

〈보기〉 　① **世上**　② **下山**　③ **下**　④ **下人**　⑤ **上**

1. 등산로를 따라 천천히 하산했습니다. _____

2. 고래는 숨을 쉬려면 물 위로 올라와야 합니다. _____

3. 그는 하인에게 음식을 내오라고 시켰습니다. _____

4. 세상에서 가장 멋진 놀이공원을 만들고 싶습니다. _____

1.② 2.⑤ 3.④ 4.①

15

03 흙이 널려 있는 땅 地, 비 올 때 번쩍 번개 電

地
땅 지

電
번개 전

'땅 지'는 흙이 여기저기 널려 있는
널따란 땅을 그렸어요.

'번개 전'은 비 올 때 하늘이 갈라지며
'번쩍' 번개 치는 모습이에요.

 풀이말을 큰 소리로 읽으며 획을 따라 쓰세요.

따라 써 봐!

地	地	地	地
흙이	여기저기 널려 있는	땅 지	땅 지

電	電	電	電	電
비 올 때	하늘이 갈라지며	번쩍 빛나는	번개 전	번개 전

 電(번개 전)에서 雨는 하늘의 구름에서 비가 내리는 '비 우'에요. 또 電 아래는 하늘이 갈라지며(日) 번개가 내리치는(乚) 모양
이에요.

필순 地에서 也는 ㄱ → ㅣ → 乚 순서로 써요. 또 電 아래는 日 → 乚 순서로 써요.

반의어 地(땅 지) ↔ 天(하늘 천)

16

물방울 ◯ 에 가려진 한자를 필순에 맞게 쓰고, 빈칸에 알맞은 훈과 음을 쓰세요.

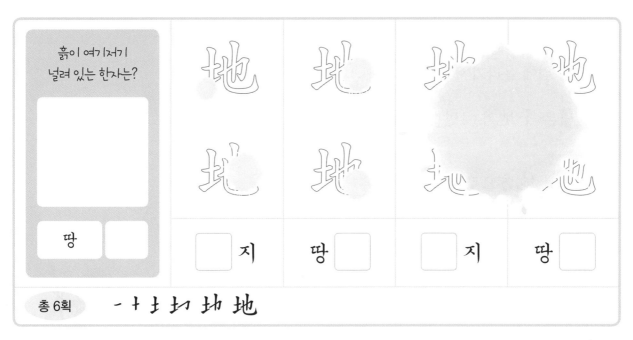

흙이 여기저기 널려 있는 한자는?

땅 ☐

☐ 지   땅 ☐   ☐ 지   땅 ☐

총 6획   一 十 土 圵 坳 地

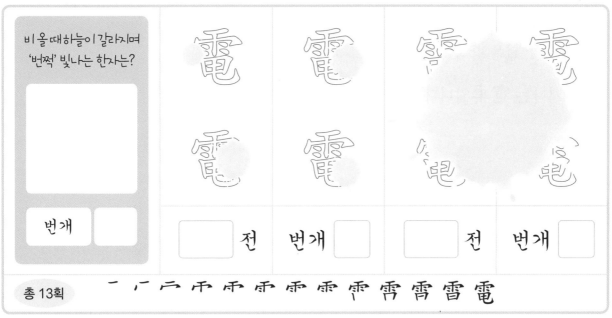

비 올 때 하늘이 갈라지며 '번쩍' 빛나는 한자는?

번개 ☐

☐ 전   번개 ☐   ☐ 전   번개 ☐

총 13획   一 厂 戸 乕 雨 雨 雨 雪 雪 霄 霄 雷 電

 한자의 음을 쓰세요.

❶ 평평한 땅 **平地**   평 ☐   ❷ 전자 에너지 **電氣**   ☐ 기

❸ 어느 방면의 땅 **地方**   ☐ 방   ❹ 전기로 가는 차 **電車**   ☐ 차

예습! 7급 한자   平(평평할 평) 氣(기운 기) 方(모 방)   복습! 8급 한자   車(수레 차)

문장을 소리 내어 읽고 한자의 음을 쓰세요.

소리 내어 문장 읽기	한자 음 쓰기
❶ 산 위에 올라가서 보니 눈앞에 넓은 **平地**가 보였습니다.	평
❷ 낯선 **地方**으로 떠나는 여행은 항상 설렙니다.	
^{국어 2} ❸ **電氣**에 감전된 것처럼 찌릿하기도 하고.	기
❹ **地下**철은 땅속에 터널을 뚫고 지나는 **電車**입니다.	□철 □

도전! 7급 시험

밑줄 친 뜻에 해당하는 한자를 찾거나, 음에 해당하는 한자어를 〈보기〉에서 찾아보세요.

〈보기〉   ① 平地   ② 電氣   ③ 地方   ④ 電車   ⑤ 地

1. 아빠는 전기면도기로 면도를 합니다. _____

2. 전차에서 내리자 바람이 차가웠습니다. _____

3. 땅에 구멍을 파고 알을 낳는답니다. _____

4. 전복은 우리 지방의 특산물입니다. _____

1. ② 2. ④ 3. ⑤ 4. ③

04 굽이져 흐르는 내 川, 삼십 년 한 가족 인간 世

내 천

'내 천'은 냇물이 굽이져
흘러내리는 모양이에요.

인간 세

'인간 세'는 십 년, 이십 년, 삼십 년 살며
한 가족을 이룬 인간의 모습이에요.

 풀이말을 큰 소리로 읽으며 획을 따라 쓰세요.

따라 써 봐!

| 굽이져 | 흐르는 | 냇물 | 내 천 | 내 천 |

| 이십 년 살고 | 십 년 더 살며 | 가족을 이룬 | 인간 세 | 인간 세 |

世는 卄(스물 입)과 十(열 십)을 더한 글자예요. 사람이 태어나 서른 살 정도 되면 결혼해 새로운 가족을 이루어요. 十(열 십)을
두 번 더하면 卄 또는 廿(스물 입) 세 번 더하면 卅(서른 삽)이에요.

필순 世는 卄(1~3획) → 一(4획) → ㄴ(5획) 순서로 써요.

물방울 ⬤ 에 가려진 한자를 필순에 맞게 쓰고, 빈칸에 알맞은 훈과 음을 쓰세요.

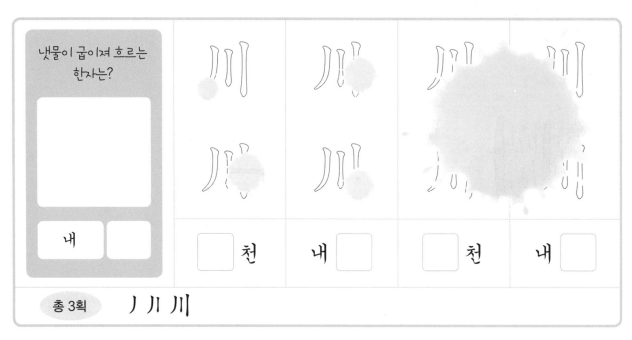

내물이 굽이져 흐르는 한자는?

내	

| | 천 | 내 | | | 천 | 내 | |

총 3획   丿 丿丨 川

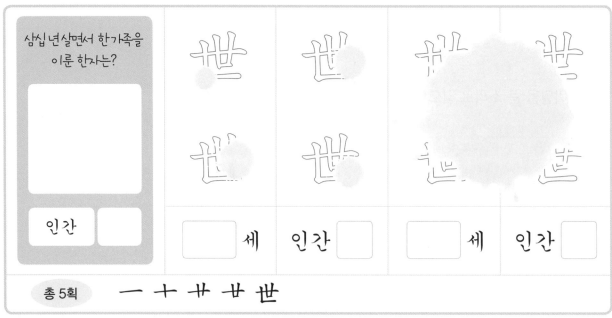

삼십 년 살면서 한가족을 이룬 한자는?

인간	

| | 세 | 인간 | | | 세 | 인간 | |

총 5획   一 十 卄 卅 世

 한자의 음을 쓰세요.

❶ 산과 내 **山川** _____

❷ 세상에 알려짐 **出世**   출 _____

❸ 저절로 생긴 내 **自生川** _____

❹ 임금이 될 왕자 **世子** _____

예습! 7급 한자   出(날 출)   복습! 8급 한자   山(메 산) 自(스스로 자) 生(날 생) 子(아들 자)

20

문장을 소리 내어 읽고 한자의 음을 쓰세요.

소리 내어 문장 읽기	한자 음 쓰기
❶ 서로 **出世**하려고 저마다 숨 가쁘게 달립니다.	출
❷ 활짝 핀 진달래들로 온 **山川**이 분홍빛으로 물들었습니다.	
❸ 물이 흘러 저절로 생긴 하천을 **自生川**이라고 합니다.	
❹ 어린 **世子**가 임금의 자리에 올랐습니다.	

 도전! 7급 시험

밑줄 친 뜻에 해당하는 한자를 찾거나, 음에 해당하는 한자어를 <보기>에서 찾아보세요.

<보기>　　①山川　　②世　　③川　　④世子　　⑤出世

1. 교육은 취직이나 <u>출세</u>를 위한 수단이 아닙니다. ＿＿＿＿＿
2. '넷' 하면 <u>냇가</u>에서 빨래를 한다고 잘잘잘. ＿＿＿＿＿
3. 임금은 셋째 아들을 <u>세자</u>로 정했습니다. ＿＿＿＿＿
4. 고향 <u>산천</u>은 온통 푸르고 싱그러웠습니다. ＿＿＿＿＿

1.⑤ 2.③ 3.④ 4.①

21

05 백 명을 비추는 일백 百, 백의 열 배 일천 千

일백 백

일천 천

'일백 백'은 하늘 아래 해에서 나온 흰 빛이
백 명을 비추는 모습이에요.

'일천 천'은 백 명의 열 배로 천을 가리켜요.

 풀이말을 큰 소리로 읽으며 획을 따라 쓰세요.

따라 써 봐!

百	百	百	百	百
하늘 아래	흰 빛이	백 명을 비추는	일백 백	일백 백

千	千	千	千
백 명의	열 배	일천 천	일천 천

千은 ノ과 十(열 십)을 더한 글자예요. ノ은 百(일백 백)의 줄임꼴로 숫자 100을 나타내요. 千(일천 천)은 100(ノ)의 열(十) 배 1,000을 가리켜요.

물방울 ⬤ 에 가려진 한자를 필순에 맞게 쓰고, 빈칸에 알맞은 훈과 음을 쓰세요.

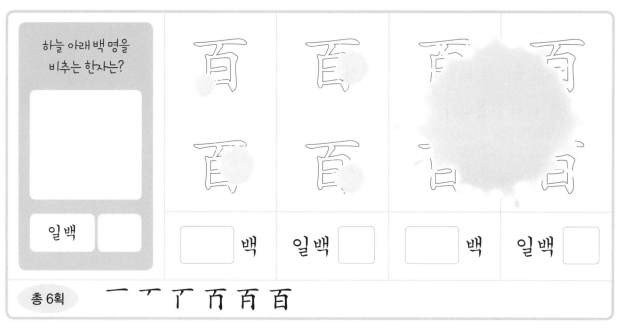

하늘 아래 백 명을 비추는 한자는?				
	百	百	百	百
	百	百	百	百
일백 ☐	☐ 백	일백 ☐	☐ 백	일백 ☐
총 6획	一 丆 丆 丆 百 百			

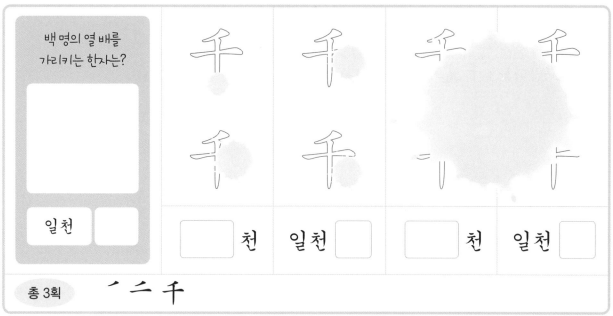

백 명의 열 배를 가리키는 한자는?				
	千	千	千	千
	千	千	千	千
일천 ☐	☐ 천	일천 ☐	☐ 천	일천 ☐
총 3획	一 二 千			

 한자의 음을 쓰세요.

① 백의 두서너 배 **數百** 수 ☐

② 만의 천 배 **千萬** ☐

③ 온갖 방법 **百方** 방 ☐

④ 매우 많은 돈 **千金** ☐

예습! 7급 한자 數(셈 수) 方(모 방)   복습! 8급 한자 萬(일만 만) 金(쇠 금)

소리 내어 문장 읽기	한자 음 쓰기
❶ 그의 공연을 보려고 **數百** 명이 줄을 서 있습니다.	수
❷ 사람의 목숨은 **千金**을 주고도 살 수 없습니다.	
❸ 아내의 약을 구하려고 **百方**으로 알아보았습니다.	
❹ 고맙다뇨? **千萬**의 말씀입니다.	

도전! 7급 시험

밑줄 친 뜻에 해당하는 한자를 찾거나, 음에 해당하는 한자어를 <보기>에서 찾아보세요.

<보기>   ① **數百**   ② **千萬**   ③ **百**   ④ **百方**   ⑤ **千**

1. 서울 인구는 천만 명을 넘긴 지 오래되었습니다. _____

2. 돼지저금통에서 구천이백 원이 나왔습니다. _____

3. 이 기계는 부품이 수백 가지가 넘습니다. _____

4. 345에서 3은 백의 자리 숫자입니다. _____

 빈칸에 알맞은 한자와 훈음을 쓰세요.

저녁 석

下

일천 천

上

번개 전

일백 백

땅 지

電

이름 명

世

아래 하

내 천

千

인간 세

百

빈칸에 알맞은 한자를 〈보기〉에서 찾아 쓰세요.

〈보기〉　夕　名　上　下　地　電　川　世　百　千

❶ ☐ 산이 늦으면 어두워져 길을 잃기 쉽습니다.

❷ 지하철은 땅속을 지나는 ☐ 차입니다.

❸ 고맙다뇨? ☐ 만의 말씀입니다.

❹ 추 ☐ 에는 음식을 차리고 차례를 지냅니다.

❺ 낯선 ☐ 방으로 떠나는 여행은 항상 설렙니다.

❻ 천안의 ☐ 물은 호두과자입니다.

❼ 어린 ☐ 자가 임금의 자리에 올랐습니다.

❽ 밤새 눈이 내려 온 세 ☐ 이 하얗게 변했습니다.

❾ 진달래가 피어 온 산 ☐ 이 분홍빛입니다.

❿ 365에서 3은 ☐ 의 자리 숫자입니다.

[1~8] 다음 한자어의 음(音: 소리)을 쓰세요.

  漢字 → 한자

1. 世上에서 엄마가 제일 좋아요.

_____

2. 電氣^기가 안 들어오네요.

_____

3. 秋^추夕에도 약국은 문을 열었습니다.

_____

4. 남부 地方^방에 피해가 컸습니다.

_____

5. 數^수百 마리의 물고기가 죽었습니다.

_____

6. 千萬의 말씀입니다.

_____

7. 온 山川이 분홍빛으로 물들었습니다.

_____

8. 전주의 名物^물은 비빔밥입니다.

_____

[9~12] 다음 한자의 훈(訓: 뜻)과 음(音: 소리)을 쓰세요.

  字 → 글자 자

9. 世   _____

10. 夕   _____

11. 下   _____

12. 川   _____

[13~15] 다음 한자의 상대 또는 반대되는 한자를 <보기>에서 골라 그 번호를 쓰세요.

<보기> ① 天   ② 山   ③ 下

13. 上 ↔ (   )

14. (   ) ↔ 地

15. (   ) ↔ 川

[16~18] 다음 한자어의 뜻을 쓰세요.

16. 上空   _____

17. 下山   _____

18. 平地   _____

• 空(빌 공) 平(평평할 평)

[19~20] 다음 한자의 진하게 표시한 획은 몇 번째 쓰는지 <보기>에서 찾아 그 번호를 쓰세요.

<보기>
① 첫 번째   ② 두 번째
③ 세 번째   ④ 네 번째
⑤ 다섯 번째   ⑥ 여섯 번째

19. 地   _____

20. 世   _____

06 절에서 알려주는 때 時, 문 사이 해가 비치는 사이 間

때 시

'때 시'는 해를 보고 절에서 종을 쳐
때를 알리는 모습이에요.

사이 간

'사이 간'은 문짝 사이로
햇빛이 비치는 모양이에요.

 풀이말을 큰 소리로 읽으며 획을 따라 쓰세요.

따라 써 봐!

時	時	時	時	時
해를 보고	절에서 종을 쳐	때를 알리는	때 시	때 시

間	間	間	間
문 사이로	해가 비치는	사이 간	사이 간

 時에서 寺(절 사)는 부처님 형상의 불상(土) 앞에서 목탁을 손에 쥐고(寸) 염불하는 모습이에요. 전에는 해(日)가 떠서 질 때까지 절(寺)에서 때맞추어 종을 쳤어요.

필순 時에서 寸은 十을 먼저 쓰고 점(ﾉ)을 나중에 찍어요.

28

물방울 ⬤ 에 가려진 한자를 필순에 맞게 쓰고, 빈칸에 알맞은 훈과 음을 쓰세요.

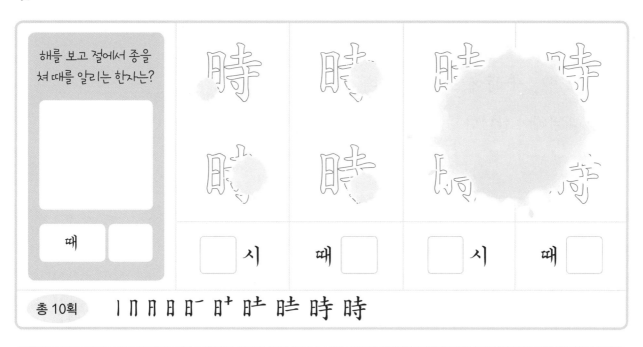

해를 보고 절에서 종을 쳐 때를 알리는 한자는?

때 ▢

총 10획　Ｉ 冂 日 日 日⁻ 旪 旪 旪 時 時

▢ 시　때 ▢　▢ 시　때 ▢

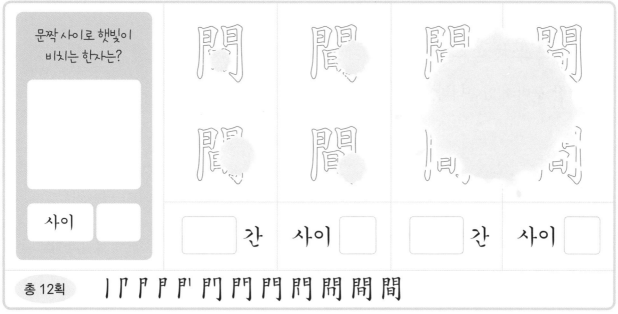

문짝 사이로 햇빛이 비치는 한자는?

사이 ▢

총 12획　Ｉ 冂 冂 冖 冖 門 門 門 門 開 間 間

▢ 간　사이 ▢　▢ 간　사이 ▢

 한자의 음을 쓰세요.

❶ 때와 때의 사이 **時間** ▢

❷ 두 사물의 사이 **中間** ▢

❸ 보통 때 **平時** 평 ▢

❹ 텅 빈 사이 **空間** 공 ▢

예습! 7급 한자　平(평평할 평) 空(빌 공)　　**복습! 8급 한자**　中(가운데 중)

문장을 소리 내어 읽고 한자의 음을 쓰세요.

소리 내어 문장 읽기	한자 음 쓰기
❶ 우리는 **平時**에도 항상 재난에 대비해야 합니다.	평
^{국어 2} ❷ **中間**에 그 일이 어떻게 되었나요?	
^{국어 2} ❸ 오늘 체육 수업 **時間**에 줄넘기를 했습니다.	
❹ 우리 **學校**는 휴식 **空間**이 잘 꾸며져 있습니다.	, 공

도전! 7급 시험

밑줄 친 뜻에 해당하는 한자를 찾거나, 음에 해당하는 한자어를 〈보기〉에서 찾아보세요.

〈보기〉   ① 時間   ② 中間   ③ 平時   ④ 空間   ⑤ 平面

1. <u>중간</u>에 놓인 쪽지를 펴 봐요. _____
2. 책상을 이용해 <u>공간</u>을 나누어요. _____
3. 매일 정해진 <u>시간</u>에 일어나요. _____
4. 오늘은 <u>평시</u>보다 일찍 수업이 끝났어요. _____

_{1. ② 2. ④ 3. ① 4. ③}

07 풀이 돋는 풀 草, 흙 있고 해 비치는 마당 場

풀 초

'풀 초'는 새싹이 햇빛을 받아
푸릇푸릇 돋는 모습이에요.

마당 장

'마당 장'은 흙이 넓게 펼쳐져 있고
해님 아래 깃발이 나부끼는 모습이에요.

 풀이말을 큰 소리로 읽으며 획을 따라 쓰세요.

따라 써 봐!

草	草	草	草	草
풀이	햇빛 받아	땅 위로 돋는	풀 초	풀 초

場	場	場	場	場
흙 있고	해 뜨고	하늘에 깃발이 나부끼는	마당 장	마당 장

 草에서 위쪽의 ++는 풀잎을 그렸어요. 또 아래쪽의 早는 해(日)가 땅 위로 솟는(十) 모습이에요. 場(마당 장)에서 昜은 해가 하늘
(旦)에서 깃발 나부끼듯(勿) 비추는 모습이에요.

필순 草에서 ++는 十을 작게 두 번 쓰면 돼요. 場에서 勿은 둘레(勹)를 먼저 쓰고 그 안에 丿丿을 써요.

31

물방울 ◯ 에 가려진 한자를 필순에 맞게 쓰고, 빈칸에 알맞은 훈과 음을 쓰세요.

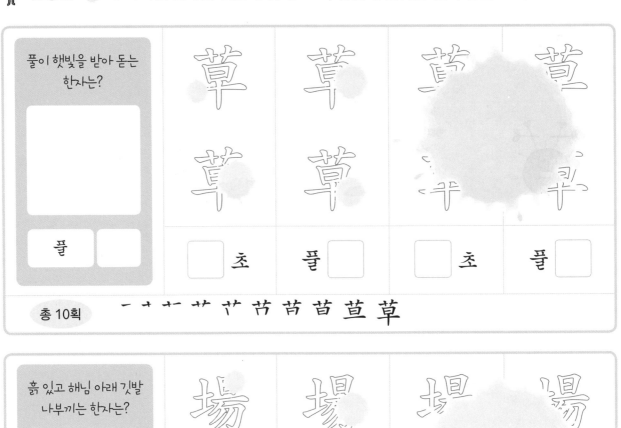

풀이 햇빛을 받아 돋는 한자는?

| 풀 | |

총 10획　一 十 卄 艹 艹 芍 芍 昔 昔 草 草

| | 초 | 풀 | | | 초 | 풀 | |

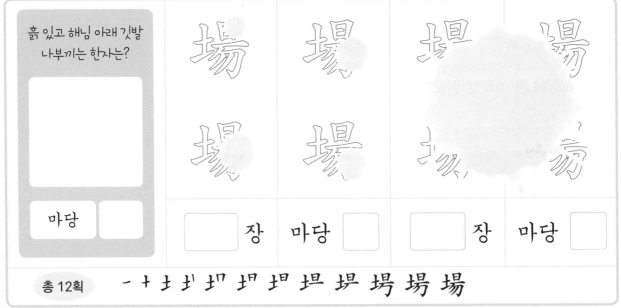

흙 있고 해님 아래 깃발 나부끼는 한자는?

| 마당 | |

총 12획　一 十 土 圹 圹 圻 圽 坦 坦 圽 場 場 場

| | 장 | 마당 | | | 장 | 마당 | |

 한자의 음을 쓰세요.

❶ 풀로 지붕을 덮은 집 草家　　가　　　❷ 물건을 사고파는 곳 市場　시

❸ 물에서 자라는 풀 水草　　　　　　　❹ 물건을 만드는 곳 工場　공

예습! 7급 한자　家(집 가) 市(저자 시) 工(장인 공)　　복습! 8급 한자　水(물 수)

32

문장을 소리 내어 읽고 한자의 음을 쓰세요.

소리 내어 문장 읽기	한자 음 쓰기
❶ 과수원 옆에는 **草家** 한 채가 있습니다.	가
〔국어 2〕 ❷ **市場**에 가면 생선도 있고, 떡볶이도 있고, 양말도 있고.	시
❸ 연못에는 아름다운 **水草**가 자라고 있습니다.	
❹ 그 **工場**은 생산 시설이 자동화되어 있습니다.	

도전! 7급 시험

밑줄 친 뜻에 해당하는 한자를 찾거나, 음에 해당하는 한자어를 〈보기〉에서 찾아보세요.

〈보기〉　①草家　②草木　③水草　④工場　⑤市場

1. 알뜰 시장을 열려고 해요. _____

2. 우리는 초콜릿 공장을 견학했습니다. _____

3. 초가 굴뚝에서 연기가 피어오릅니다. _____

4. 수초가 무성한 곳에는 물고기가 많습니다. _____

08 손 모아 햇볕 쬐는 봄 春, 밭에 곡식 심는 농사 農

봄춘

'봄 춘'은 손가락을 모으고
햇볕을 쬐는 모습을 그려
따뜻한 봄을 나타내요.

농사 농

'농사 농'은 밭을 갈고 곡식을 심고
비탈진 밭에서 두 사람이
농사짓는 모습을 나타내요.

 풀이말을 큰 소리로 읽으며 획을 따라 쓰세요.

따라 써 봐!

春	春	春	春
손가락 모으고	햇볕 쬐는	봄 춘	봄 춘

農	農	農	農	農
밭 갈고 곡식 심고	비탈에 둘이 앉아	농사짓는	농사 농	농사 농

 農에서 曲은 '굽을 곡'이에요. 여기서는 밭을 갈고(日) 곡식을 심어(lI) 잘 자라는 모양으로 풀이했어요. 또 辰은 비탈 밭(厂)에 두 사람(二)이 앉아 농사짓는(K) 모습으로 풀이했어요.

    필순 農에서 曲은 冂 → 一 → 凸 순서로 써요. 또 辰은 厂 → 二 쓰고 ㄴ → ⁄ → ㇏ 순서로 쓰면 돼요.

    반의어 春(봄 춘) ↔ 秋(가을 추)

물방울 에 가려진 한자를 필순에 맞게 쓰고, 빈칸에 알맞은 훈과 음을 쓰세요.

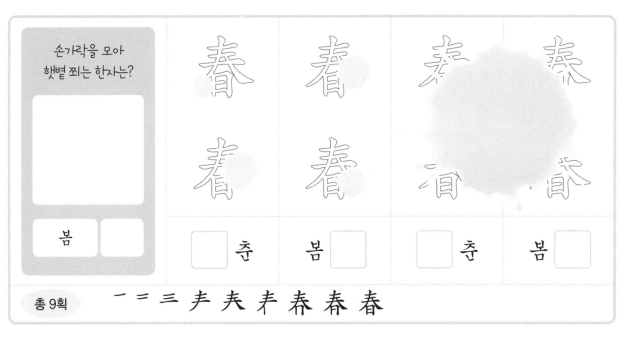

손가락을 모아 햇볕 쬐는 한자는?				
봄		춘	봄	춘	봄
총 9획	一 二 三 丰 夫 耒 春 春 春			

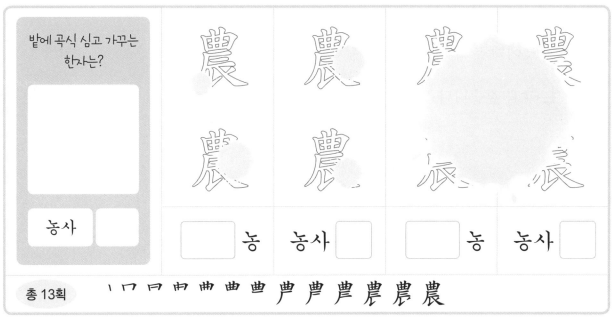

밭에 곡식 심고 가꾸는 한자는?				
농사		농	농사	농	농사
총 13획	丨 冂 曰 由 曲 曲 曲 芦 芦 芦 農 農 農			

 한자의 음을 쓰세요.

① 봄과 가을 春秋 　추
② 농업을 경영하는 곳 農場
③ 푸른 새싹의 봄 靑春 　춘
④ 농사짓는 사람 農民

春秋(춘추)는 어른의 나이를 높여 이르는 말로도 씁니다. 또한 靑春(청춘)은 젊은 시절을 가리킵니다.

문장을 소리 내어 읽고 한자의 음을 쓰세요.

소리 내어 문장 읽기	한자 음 쓰기
^{수학 2} ❶ 아빠, 동생과 함께 딸기 **農場**에 갔습니다.	장
❷ 실례하지만 올해 **春秋**가 어떻게 되시는지요?	추
❸ **時間**이 되자 **青春** 남녀들이 모여들었습니다.	☐ , ☐
❹ **農民**에게 토지는 **生命**과 같습니다.	☐ ☐

도전! 7급 시험

밑줄 친 뜻에 해당하는 한자를 찾거나, 음에 해당하는 한자어를 〈보기〉에서 찾아보세요.

〈보기〉　　①農　　②農場　　③青春　　④農民　　⑤春

1. 아하, 그래! 너였구나, <u>봄</u> 향기! _____
2. 나이는 들었지만 마음은 여전히 <u>청춘</u>입니다. _____
3. 쌀값이 떨어져 <u>농민</u>들이 큰 손해를 보았습니다. _____
4. 주말 <u>농장</u>에 갈 때 무엇을 준비해야 합니까? _____

09 고개 숙인 낮 午, 소를 잡아 걸어놓은 물건 物

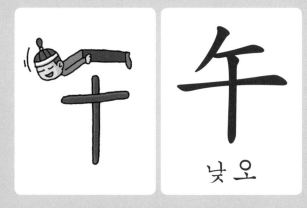

낮 오

'낮 오'는 햇볕을 피해 고개 숙이는
열 시 넘어 한낮의 모습이에요.

물건 물

'물건 물'은 소를 잡아 소고기를
깃발처럼 걸어놓은 모습이에요.

 풀이말을 큰 소리로 읽으며 획을 따라 쓰세요.

따라 써 봐!

午	午	午	午
고개 숙여 햇볕 피하는	열 시 넘어 한낮	낮 오	낮 오

物	物	物	物
소를 잡아	깃발처럼 걸어놓은	물건 물	물건 물

 午는 열두 띠 중 일곱 번째로 말을 가리켜요. 그래서 '말 오'라고도 해요.

필순 物에서 牜에서 牜는 丿 → 一 → 丨 → 丿 순서로 써요. 勿은 둘레(勹)를 먼저 쓰고 그 안에 丿丿을 써요.

37

물방울 에 가려진 한자를 필순에 맞게 쓰고, 빈칸에 알맞은 훈과 음을 쓰세요.

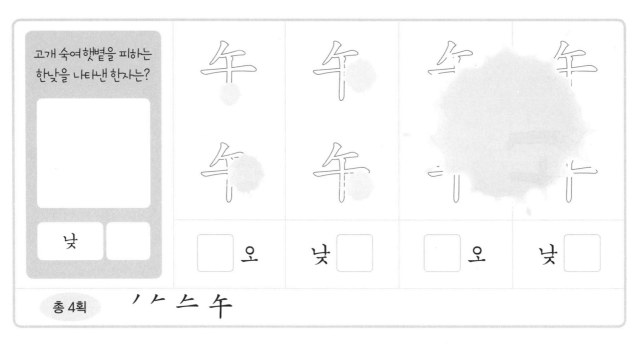

고개 숙여 햇볕을 피하는 한낮을 나타낸 한자는?	午	午	午
	午	午	午
낮	□ 오	낮 □	□ 오	낮 □
총 4획	ノ ト 仁 午		

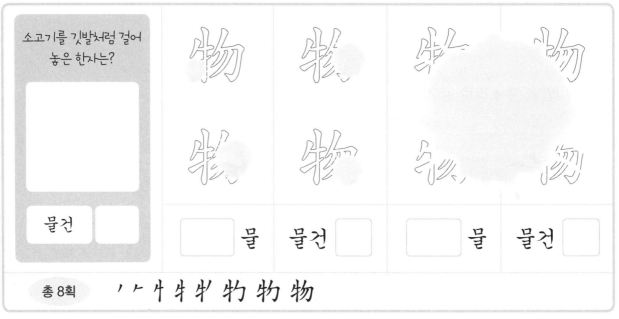

소고기를 깃발처럼 걸어 놓은 한자는?	物	物	物
	物	物	物
물건	□ 물	물건 □	□ 물	물건 □
총 8획	ノ ト 仁 牛 牛 牜 物 物		

 한자의 음을 쓰세요.

❶ 한낮 열두 시 **正午** _____

❷ 사람 됨됨이 **人物** _____

❸ 정오가 지난 때 **午後** _____ 후

❹ 생명을 가진 **生物** _____

예습! 7급 한자 後(뒤 후) **복습! 8급 한자** 人(사람 인) 生(날 생)

38

문장을 소리 내어 읽고 한자의 음을 쓰세요.

소리 내어 문장 읽기	한자 음 쓰기
^{국어 2} ❶ 일요일 **午後**에 어머니는 무엇을 하셨나요?	후
^{국어 2} ❷ 이야기에 등장하는 **人物**은 누구누구인가요?	
❸ **正午**에 영화관 앞에서 만납시다.	
❹ **生物**은 크게 동물과 **植物**로 나눕니다.	,

 도전! 7급 시험

밑줄 친 뜻에 해당하는 한자를 찾거나, 음에 해당하는 한자어를 〈보기〉에서 찾아보세요.

〈보기〉 ① **正午**   ② **人物**   ③ **午後**   ④ **生物**   ⑤ **物**

1. 인물의 표정을 따라해 봅시다. _____

2. 민하는 토요일 오후 2시에 서점에 갔습니다. _____

3. 개미는 군집 생활을 하는 대표적 생물입니다. _____

4. 정오에는 해가 머리 위에 떠 있습니다. _____

1. ② 2. ③ 3. ④ 4. ①

10 돼지 모여 사는 집 家, 고기 굽고 개와 함께 그럴 然

집 가

'집 가'는 지붕 아래 돼지들이 무리지어 살 듯
사람이 함께 모여 사는 집을 그렸어요.

그럴 연

'그럴 연'은 고기를 불에 구워 먹으며
개를 함께 데리고 있는 그럴 듯한 모습이에요.

 풀이말을 큰 소리로 읽으며 획을 따라 쓰세요.

따라 써 봐!

家	家	家	家	家
집에서	돼지 모여 있듯	함께 모여 사는	집 가	집 가

然	然	然	然	然
고기 먹으며	개 데리고 불 피우는	그럴 듯한 일이니	그럴 연	그럴 연

 然(연)은 夕(고기 육), 犬(개 견), 灬(불화 발)을 더한 글자예요. 灬(불화 발)은 火(불 화)가 글자 아래에 올 때의 모양이에요.
필순 家에서 豕는 一 아래 ㇇ 쓰고 왼쪽에 두 획(ノノ) 오른쪽에 두 획(㇏)을 쓰면 돼요.

물방울 ⬤ 에 가려진 한자를 필순에 맞게 쓰고, 빈칸에 알맞은 훈과 음을 쓰세요.

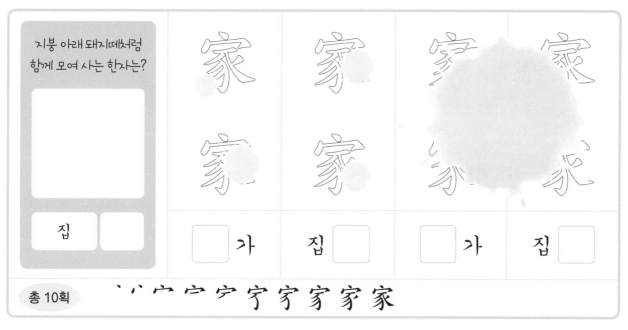

지붕 아래 돼지떼처럼 함께 모여 사는 한자는?

집 [ ]

[ ] 가   집 [ ]   [ ] 가   집 [ ]

총 10획   丶丶宀宁宁宇宇宰家家

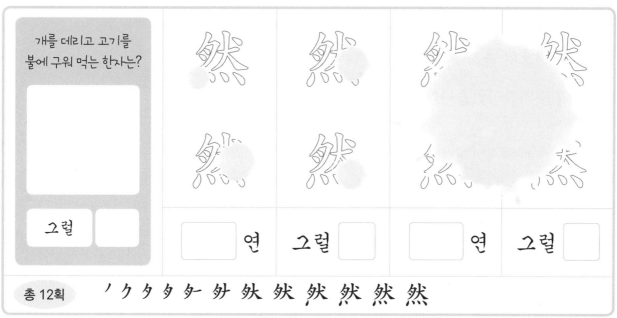

개를 데리고 고기를 불에 구워 먹는 한자는?

그럴 [ ]

[ ] 연   그럴 [ ]   [ ] 연   그럴 [ ]

총 12획   丿ク夕夕夕夕外然然然然然然

 한자의 음을 쓰세요.

❶ 가족 공동체 家門 [ ]   ❷ 스스로 그러함 自然 [ ]

❸ 가정을 이끄는 사람 家長 [ ]   ❹ 헛되이 그러함 空然 공 [ ]

예습! 7급 한자 空(빌 공)   **복습!** 8급 한자 門(문 문) 長(긴 / 어른 장)

문장을 소리 내어 읽고 한자의 음을 쓰세요.

소리 내어 문장 읽기	한자 음 쓰기
❶ 왜 **空然**한 걱정을 하는지 모르겠습니다.	공
^{국어2} ❷ 푸른숲식물원에서 아름다운 **自然**을 느끼시기 바랍니다.	
❸ 소녀 **家長**이 된 그 **學生**은 열심히 공부했습니다.	,
❹ 로미오와 줄리엣의 **家門**은 원수지간이었습니다.	

복습! 8급 한자   學(배울 학) 生(날 생)

 도전! 7급 시험

밑줄 친 뜻에 해당하는 한자를 찾거나, 음에 해당하는 한자어를 <보기>에서 찾아보세요.

<보기>   ① 家   ② 自然   ③ 然   ④ 空然   ⑤ 家長

1. 한 집안의 <u>가장</u>은 책임감이 큽니다. ————
2. 호랑이는 오누이 <u>집</u>으로 갔습니다. ————
3. <u>공연</u>히 트집 잡지 말고 하던 일 하세요. ————
4. <u>자연</u>을 보호하는 방법을 알아보세요. ————

1. ⑤ 2. ① 3. ④ 4. ②

06~10과 복습

 빈칸에 알맞은 한자와 훈음을 쓰세요.

사이 간

家

봄 춘

物

농사 농

낮 오

그럴 연

農

때 시

場

집 가

풀 초

春

마당 장

午

빈칸에 알맞은 한자를 〈보기〉에서 찾아 쓰세요.

〈보기〉 時 間 草 場 春 農 午 物 家 然

① 시간이 되자 청   남녀들이 모여들었습니다.

② 시   에 가면 생선도 있고, 떡볶이도 있고, 양말도 있고.

③ 중   에 그 일이 어떻게 되었나요?

④ 로미오와 줄리엣의   문은 원수지간입니다.

⑤ 푸른숲식물원에서 자   을 느끼시기 바랍니다.

⑥ 아빠와 함께 딸기   장에 갔습니다.

⑦ 이야기에 등장하는 인   은 누구누구인가요?

⑧ 연못에는 아름다운 수   가 자라고 있습니다.

⑨ 체육 수업   간에 줄넘기를 했습니다.

⑩ 일요일   후에 어머니는 무엇을 하셨나요?

[1~8] 다음 한자어의 음(音: 소리)을 쓰세요.

 漢字 → 한자

1. 市^시場에서 바지를 샀습니다.

_____

2. 영화를 中間부터 봤습니다.

_____

3. 自然 훼손이 우려됩니다.

_____

4. 하루에 한 時間씩 공원을 걷습니다.

_____

5. 우리 農場에서는 토끼를 키웁니다.

_____

6. 훌륭한 家門에서 태어났습니다.

_____

7. 青春 시절이 있었습니다.

_____

8. 午後 세 시에 만나기로 했습니다.

_____

[9~12] 다음 한자의 훈(訓: 뜻)과 음(音: 소리)을 쓰세요.

 字 → 글자 자

9. 午 _____

10. 時 _____

11. 草 _____

12. 然 _____

[13~15] 다음 한자의 상대 또는 반대되는 한자를 〈보기〉에서 골라 그 번호를 쓰세요.

〈보기〉 ① 冬　　② 敎　　③ 西

13. 夏 ↔ ( )

14. 東 ↔ ( )

15. ( ) ↔ 學

[16~18] 다음 한자어의 뜻을 쓰세요.

16. 空間 _____

17. 農民 _____

18. 平時 _____

• 空(빌 공) 平(평평할 평)

[19~20] 다음 한자의 진하게 표시한 획은 몇 번째 쓰는지 〈보기〉에서 찾아 그 번호를 쓰세요.

〈보기〉	③ 세 번째	④ 네 번째
	⑤ 다섯 번째	⑥ 여섯 번째
	⑦ 일곱 번째	⑧ 여덟 번째

19. 物 _____

20. 農 _____

11 사람이 나무 옆에 쉴 休, 나무가 빙 둘러선 마을 村

쉴 휴

'쉴 휴'는 사람이 나무 옆에서
쉬는 모습이에요.

마을 촌

'마을 촌'은 마을에 나무가 비슷한 간격으로
둘러서 있는 모습이에요.

 풀이말을 큰 소리로 읽으며 획을 따라 쓰세요.

따라 써 봐!

休	休	休	休
사람이	나무 옆에	쉴 휴	쉴 휴

村	村	村	村
나무가	마디마디 둘러선	마을 촌	마을 촌

 村(촌)에서 寸은 손목 마디를 그린 '마디 촌'이에요. 寸은 손목 마디까지 짧은 거리를 나타내 三寸(삼촌)처럼 가까운 사이를
나타낼 때 써요.

필순 村에서 寸은 十을 먼저 쓰고 마지막에 점(ヽ)을 찍으면 돼요.

물방울 ⬤ 에 가려진 한자를 필순에 맞게 쓰고, 빈칸에 알맞은 훈과 음을 쓰세요.

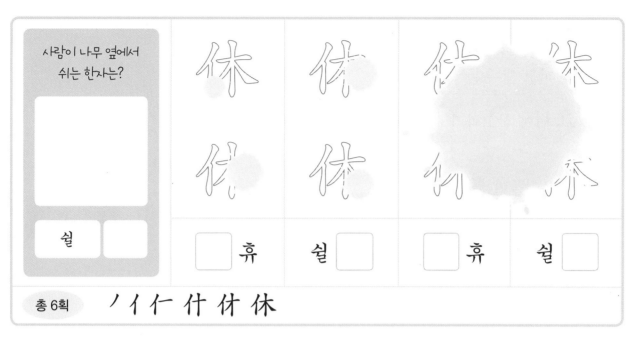

사람이 나무 옆에서 쉬는 한자는?

쉴 [ ]

| [ ] 휴 | 쉴 [ ] | [ ] 휴 | 쉴 [ ] |

총 6획   ノ イ 亻 什 休 休

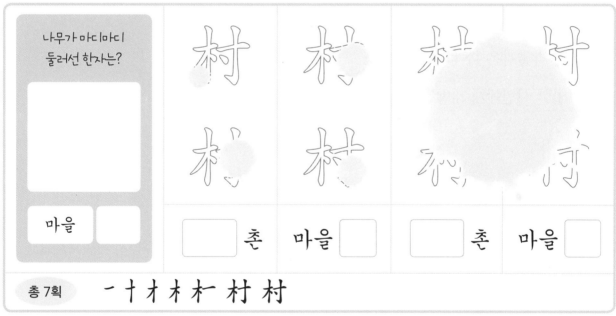

나무가 마디마디 둘러선 한자는?

마을 [ ]

| [ ] 촌 | 마을 [ ] | [ ] 촌 | 마을 [ ] |

총 7획   一 十 才 木 术 村 村

 한자의 음을 쓰세요.

❶ 쉬는 날 休日 [   ]

❷ 농사를 짓는 마을 農村 [   ]

❸ 허드레로 쓰는 종이 休紙 [지]

❹ 강가에 있는 마을 江村 [강]

예습! 7급 한자   紙(종이 지) 江(강 강)   복습! 8급 한자   日(날 일)

문장을 소리 내어 읽고 한자의 음을 쓰세요.

소리 내어 문장 읽기	한자 음 쓰기
❶ 꽃 피고 새 우는 江村에 살고파라.	강 ⬜
❷ 젊은이들이 農村에서 새 삶의 터전을 마련합니다.	⬜
❸ 코피가 흘러 休紙로 코를 막았습니다.	⬜ 지
❹ 이 박물관은 休日에만 일반 시민에게 개방됩니다.	⬜

도전! 7급 시험

밑줄 친 뜻에 해당하는 한자를 찾거나, 음에 해당하는 한자어를 〈보기〉에서 찾아보세요.

〈보기〉   ① 休日   ② 農村   ③ 休紙   ④ 江村   ⑤ 休

1. 몇몇 젊은이들은 농촌에 터를 잡습니다. _____
2. 길에 휴지를 함부로 버리면 안 됩니다. _____
3. 강촌에 구름이 한가로이 떠다닙니다. _____
4. 휴일이면 한강 공원은 사람들로 붐빕니다. _____

1.② 2.③ 3.④ 4.①

48

12 나무 우거진 수풀 林, 보리 밟고 오는 올 來

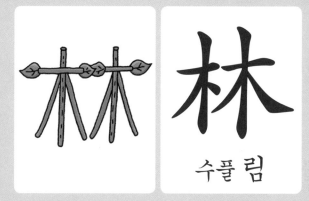

수풀 림

'수풀 림'은 나무 옆에 나무가 우거져
자라는 수풀을 가리켜요.

올 래

'올 래'는 보리 이삭과 잎, 줄기와 뿌리를
그린 모양이에요. 봄에 밭에서
보리를 밟으며 걸어오면 보리가 잘 자란대요.

 풀이말을 큰 소리로 읽으며 획을 따라 쓰세요.

따라 써 봐!

林	林	林	林
나무와	나무가 우거진	수풀 림	수풀 림

來	來	來	來	來
보리 이삭, 보리 잎	보리 줄기, 뿌리	밟으며 걸어오는	올 래	올 래

 來(래)는 보리를 그린 한자예요. 봄에 보리밟기하며 걸어오는 '올 래'예요. 보리밟기는 들뜬 겉흙을 눌러 뿌리가 잘 내리도록 이른 봄 보리 싹의 그루터기를 밟아주는 일이에요.

물방울 ⬤ 에 가려진 한자를 필순에 맞게 쓰고, 빈칸에 알맞은 훈과 음을 쓰세요.

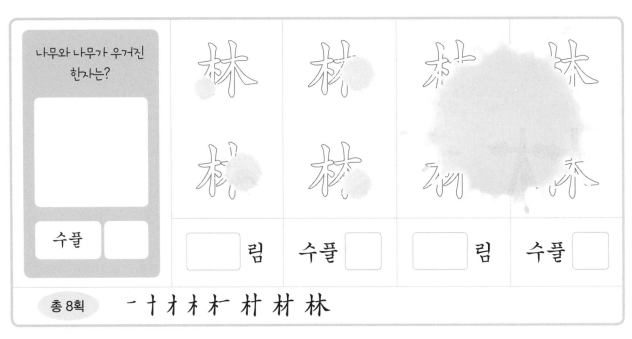

나무와 나무가 우거진 한자는?

수풀 [ ]

총 8획　一 十 才 才 才 村 材 林

[ ] 림	수풀 [ ]	[ ] 림	수풀 [ ]

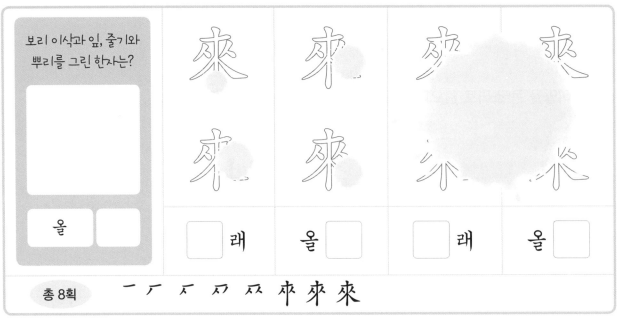

보리 이삭과 잎, 줄기와 뿌리를 그린 한자는?

올 [ ]

총 8획　一 厂 厂 厇 厇 來 來 來

[ ] 래	올 [ ]	[ ] 래	올 [ ]

 한자의 음을 쓰세요.

❶ 산에 있는 숲 山林

❷ 오늘 다음 날 來日

❸ 숲을 가꾸는 일 育林

❹ 바깥에서 옴 外來

복습! 8급 한자　山(메 산) 日(날 일) 外(바깥 외)

50

문장을 소리 내어 읽고 한자의 음을 쓰세요.

소리 내어 문장 읽기	한자 음 쓰기
❶ 이곳은 수목이 울창한 山林 지대입니다.	
❷ 매년 11월 첫 번째 토요일은 育林의 날입니다.	
_{수학2} ❸ 來日 지각하지 않도록 일찍 자야겠어요.	
❹ 外來 문화를 무분별하게 받아들이면 안 됩니다.	

도전! 7급 시험

밑줄 친 뜻에 해당하는 한자를 찾거나, 음에 해당하는 한자어를 <보기>에서 찾아보세요.

<보기>   ① 山林   ② 來   ③ 育林   ④ 外來   ⑤ 來日

1. 내일 또 줄넘기를 하면 좋겠습니다. _____

2. 병원은 외래 환자로 무척 붐볐습니다. _____

3. 정부는 산림녹화 정책을 적극 추진했습니다. _____

4. 나무에 비료를 주는 육림 작업을 했습니다. _____

1.⑤ 2.④ 3.① 4.③

13 벼 거두고 불 피우는 가을 秋, 숨결과 쌀밥 기운 氣

가을 추

기운 기

'가을 추'는 벼를 거두며 가을걷이하고 쌀쌀한 날씨에 불을 피우기 시작하는 가을의 모습이에요.

'기운 기'는 사람이 숨을 쉬는 모습과 먹으면 기운이 나는 쌀밥을 그렸어요.

 풀이말을 큰 소리로 읽으며 획을 따라 쓰세요.

따라 써 봐!

秋	秋	秋	秋
벼를 거두고	불을 피우는	가을 추	가을 추

氣	氣	氣	氣	氣
숨결은	쌀을 먹어야	나오는 기운이니	기운 기	기운 기

 秋의 禾는 벼이삭(丿) 아래 木(나무 목)을 그린 '벼 화'예요. 氣에서 气는 고개 숙인 채 숨을 내쉬고 들이쉬는 '기운 기'예요. 米
는 벼이삭에 낱알이 다닥다닥 붙은 '쌀 미'예요.

필순 氣에서 米는 위쪽 두 점(丷)을 먼저 찍고 木을 쓰면 돼요.

반의어 秋(가을 추) ↔ 春(봄 춘)

물방울 에 가려진 한자를 필순에 맞게 쓰고, 빈칸에 알맞은 훈과 음을 쓰세요.

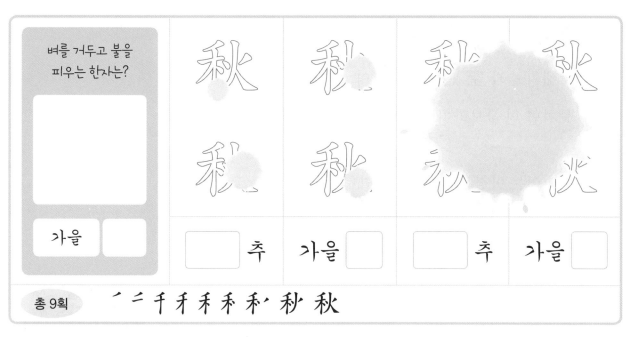

벼를 거두고 불을 피우는 한자는?

가을

| | 추 | 가을 | | | 추 | 가을 | |

총 9획 　　丿 二 千 千 禾 禾 禾 秋 秋

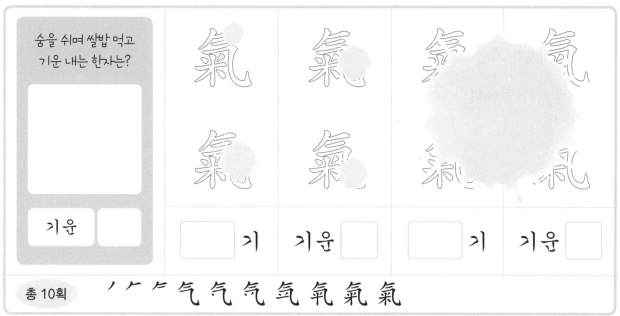

숨을 쉬며 쌀밥 먹고 기운 내는 한자는?

기운

| | 기 | 기운 | | | 기 | 기운 | |

총 10획 　　丿 亠 仁 气 气 气 氙 氛 氣 氣

 한자의 음을 쓰세요.

❶ 가을의 시작 **立秋**

❷ 살아있는 기운 **生氣**

❸ 가을날의 경치 **秋色**

❹ 하늘의 기체 **空氣** 　공

예습! 7급 한자 空(빌 공) 　　**복습! 8급 한자** 生(날 생)

문장을 소리 내어 읽고 한자의 음을 쓰세요.

소리 내어 문장 읽기	한자 음 쓰기
^{국어 2} ❶ 고래의 숨과 **空氣**가 서로 닿아 뭉치면 흰 물보라처럼 보여요.	공
❷ 규민이는 아침부터 **生氣**가 넘쳐 보입니다.	
❸ 산은 붉고 노란 옷으로 갈아입어 완전한 **秋色**입니다.	
❹ **立秋**가 지났는데도 날씨가 덥습니다.	

 도전! 7급 시험

밑줄 친 뜻에 해당하는 한자를 찾거나, 음에 해당하는 한자어를 〈보기〉에서 찾아보세요.

〈보기〉　　① 空氣　　② 生氣　　③ 秋　　④ 氣　　⑤ 立秋

1. 학생들의 <u>생기</u>발랄한 모습이 보기 좋습니다.　　_____

2. <u>입추</u>가 지나도 가을은 멀기만 합니다.　　_____

3. 팔다리에 <u>기운</u>이 없습니다.　　_____

4. <u>가을</u>바람이 산들산들 불어옵니다.　　_____

1. ② 2. ⑤ 3. ④ 4. ③

14 꽃봉오리 피지 않은 아닐 不, 개구리밥 물에 평평할 平

아닐 불

'아닐 불'은 꽃망울 밑에 꽃받침이 있는
꽃봉오리를 그렸어요. 꽃봉오리가
아직 피지 않은 모양이에요.

평평할 평

'평평할 평'은 개구리밥에 잔뿌리가 나면서
물에 뿌리를 내려 고루 번지는 모양이에요.

 풀이말을 큰 소리로 읽으며 획을 따라 쓰세요.

따라 써 봐!

不	不	不	不	不
꽃망울 꽃받침	꽃봉오리가	아직 피지 않은	아닐 불	아닐 불

平	平	平	平
개구리밥에 잔뿌리 나고	물에 뿌리내려	평평할 평	평평할 평

 不(아닐 불)은 음이 'ㄷ', 'ㅈ'으로 시작하는 한자 앞에서는 '부'로 읽어요. ⟳ 不動(부동), 不正(부정)

필순 不은 一 아래 丿丶을 차례로 써요. 平은 一 아래 丷을 쓰고 十을 써요.

물방울 ◯ 에 가려진 한자를 필순에 맞게 쓰고, 빈칸에 알맞은 훈과 음을 쓰세요.

꽃봉오리가 아직 피지 않은 한자는?	不 不	不 不	不 不	不 不
아닐 ☐	☐ 불	아닐 ☐	☐ 불	아닐 ☐
총 4획 一 フ 不 不				

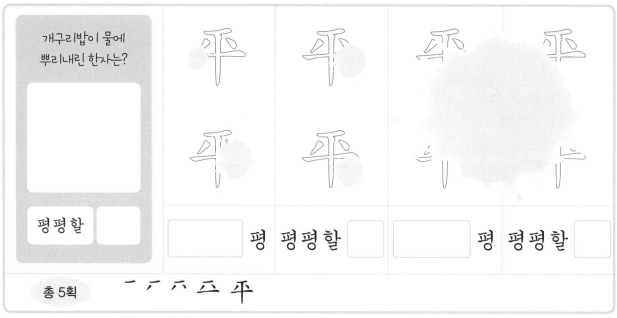

개구리밥이 물에 뿌리내린 한자는?	平 平	平 平	平 平	平 平
평평할 ☐	☐ 평	평평할 ☐	☐ 평	평평할 ☐
총 5획 一 フ ㅌ ㄸ 平				

 한자의 음을 쓰세요.

❶ 편하지 않음 **不便**

❷ 주말이 아닌 보통 날 **平日**

❸ 편안하지 않음 **不安**

❹ 기울지 않고 평평한 **水平**

문장을 소리 내어 읽고 한자의 음을 쓰세요.

소리 내어 문장 읽기	한자 음 쓰기
❶ 오늘은 平日이어서 공원에 사람이 많지 않습니다.	
^{수학 2} ❷ 不便한 점을 어떻게 고칠지 말해 보시오.	
❸ 不安한 밤이 지나고 날이 밝았습니다.	
❹ 들것으로 응급환자를 옮길 때는 항상 水平이 되어야 합니다.	

도전! 7급 시험

밑줄 친 뜻에 해당하는 한자를 찾거나, 음에 해당하는 한자어를 〈보기〉에서 찾아보세요.

〈보기〉 ① 不便   ② 平日   ③ 不安   ④ 水平   ⑤ 不

1. 학교 도서관은 <u>평일</u> 오후 6시까지 운영합니다. _____

2. 다리와 <u>수평</u>이 되도록 팔을 쭉 뻗었습니다. _____

3. 다리가 <u>불편</u>한 사람은 앉아도 좋습니다. _____

4. 자녀의 귀가가 늦으면 부모는 항상 <u>불안</u>합니다. _____

1.② 2.④ 3.① 4.③

15 풀 싹이 구덩이에서 날 出, 콩을 다시 잘라 적을 少

날 출

적을 소

'날 출'은 풀 싹이 구덩이에서
자라나는 모습이에요.

'적을 소'는 자른 콩을 다시 자른
모양이에요. 두 번이나 잘랐으니
남은 콩의 양이 적어요.

 풀이말을 큰 소리로 읽으며 획을 따라 쓰세요.

따라 써 봐!

出	出	出	出
풀의 싹이	구덩이에서 나오니	날 출	날 출

少	少	少	少	少
자른 콩을	다시 잘라	남은 것이 적은	적을 소	적을 소

 出은 풀의 싹(屮)과 구덩이(凵)를 합친 글자예요. 小는 크기가 작은 '작을 소', 少는 양이 적은 '적을 소'예요. 少는 '젊을 소'의
뜻도 있어요.

필순 出은 가운데 ㅣ을 먼저 쓰고 凵를 두 번 차례대로 써요.

반의어 出(날 출) ↔ 入(들 입) 少(젊을 소) ↔ 老(늙을 로), 少(적을 소) ↔ 多(많을 다), 小(작을 소) ↔ 大(큰 대)

물방울 ◯ 에 가려진 한자를 필순에 맞게 쓰고, 빈칸에 알맞은 훈과 음을 쓰세요.

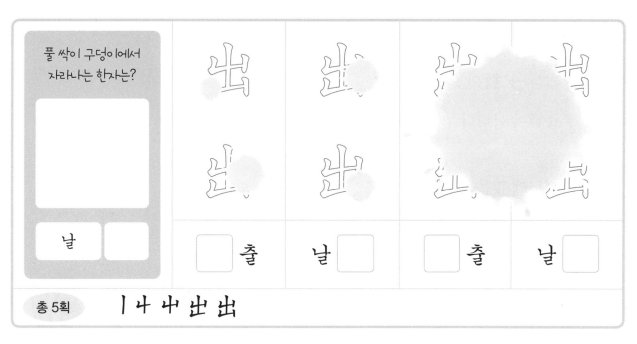

풀 싹이 구덩이에서 자라나는 한자는?

날

| ☐ 출 | 날 ☐ | ☐ 출 | 날 ☐ |

총 5획   丨 屮 屮 出 出

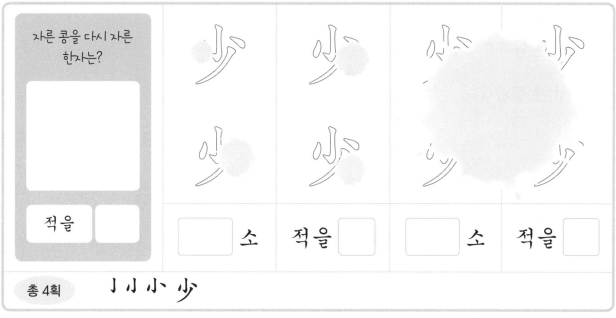

자른 콩을 다시 자른 한자는?

적을

| ☐ 소 | 적을 ☐ | ☐ 소 | 적을 ☐ |

총 4획   丿 小 小 少

 한자의 음을 쓰세요.

❶ 세상에 나옴 **出生** ☐

❷ 나이 어린 여자 **少女** ☐

❸ 밖으로 나감 **外出** ☐

❹ 적은 수 **少數** ☐ 수

예습! 7급 한자 數(셈 수)   복습! 8급 한자 生(날 생) 女(여자 녀) 外(바깥 외)

59

문장을 소리 내어 읽고 한자의 음을 쓰세요.

소리 내어 문장 읽기	한자 음 쓰기
❶ 우리는 **少數**의 의견을 존중해야 합니다.	수
❷ 건너편에 앉은 **少女**가 생그레 웃었습니다.	
❸ **外出**할 때 입는 멋진 옷들도 있습니다.	
❹ 그는 외가가 있는 시골에서 **出生**했습니다.	

도전! 7급 시험

밑줄 친 뜻에 해당하는 한자를 찾거나, 음에 해당하는 한자어를 〈보기〉에서 찾아보세요.

〈보기〉　　① 出　　② 少　　③ 外出　　④ 出生　　⑤ 少數

1. 하나하나 세어보지 않고 많은지 <u>적은지</u> 알아요.　　_____
2. 다수를 위해 <u>소수</u>가 희생되면 안됩니다.　　_____
3. 푸른 새싹들이 흙덩이를 떠밀고 <u>나옵니다</u>.　　_____
4. 지금 아버지는 <u>외출</u>하시고 안 계십니다.　　_____

1.② 2.⑤ 3.① 4.③

60

 빈칸에 알맞은 한자와 훈음을 쓰세요.

아닐 불		수풀 림		올 래

쉴 휴	평평할 평		마을 촌	

기운 기	가을 추		날 출	

빈칸에 알맞은 한자를 〈보기〉에서 찾아 쓰세요.

〈보기〉　休 村 林 來 秋 氣 不 平 出 少

1 입 　　 가 지났는데도 날씨가 덥습니다.

2 길에 　　 지를 함부로 버리면 안됩니다.

3 이곳은 수목이 울창한 산 　　 지대입니다.

4 고래의 숨과 공 　　 가 서로 닿아 뭉칩니다.

5 들 것으로 응급환자를 옮길 때는 수 　　 을 유지해야 합니다.

6 　　 일 지각하지 않도록 일찍 자야겠습니다.

7 외 　　 할 때 입는 멋진 옷도 있습니다.

8 우리는 　　 수의 의견을 존중해야 합니다.

9 　　 편한 점을 어떻게 고칠까요?

10 꽃 피고 새 우는 강 　　 에 살고파라.

[1~8] 다음 한자어의 음(音: 소리)을 쓰세요.

 漢字 → 한자

1. 밤 空^공氣가 차갑습니다.
_____

2. 눈감고 **不安**한 마음을 달래봅니다.
_____

3. **休日**이어서 시내가 한산합니다.
_____

4. **農村** 지역의 인구가 줄었습니다.
_____

5. 이곳은 **山林** 지대입니다.
_____

6. **平日**보다 일찍 퇴근했습니다.
_____

7. **少女**가 생그레 웃었습니다.
_____

8. 병원은 **外來** 환자들로 붐볐습니다.
_____

[9~12] 다음 한자의 훈(訓: 뜻)과 음(音: 소리)을 쓰세요.

 字 → 글자 자

9. 村 _____

10. 林 _____

11. 來 _____

12. 秋 _____

[13~15] 다음 한자의 상대 또는 반대되는 한자를 〈보기〉에서 골라 그 번호를 쓰세요.

〈보기〉 ① 老   ② 入   ③ 春

13. (   ) ↔ 秋

14. 出 ↔ (   )

15. (   ) ↔ 少

[16~18] 다음 한자어의 뜻을 쓰세요.

16. 育林 _____

17. 少數 _____

18. 不便 _____

• 數(셈 수)

[19~20] 다음 한자의 진하게 표시한 획은 몇 번째 쓰는지 〈보기〉에서 찾아 그 번호를 쓰세요.

〈보기〉	① 첫 번째	② 두 번째
	③ 세 번째	④ 네 번째
	⑤ 다섯 번째	⑥ 여섯 번째

19.

20. 氣

16 손도끼 든 장인 工, 손도끼로 구멍 뚫어 빌 空

장인 공

'장인 공'은 손잡이와 도끼날이 있는
손도끼를 그렸어요. 손도끼 들고
물건을 만드는 장인을 가리켜요.

빌공

'빌 공'은 집 지을 때 손도끼로
구멍을 파는 모습이에요.
구멍이 뚫려 텅 빈 모양이에요.

 풀이말을 큰 소리로 읽으며 획을 따라 쓰세요.

따라 써 봐!

工	工	工	工	工
손잡이	도끼날	손도끼로 물건 만드는	장인 공	장인 공

空	空	空	空	空
집에 구멍을	손도끼로 뚫어	텅 빈	빌 공	빌 공

 空은 穴(구멍 혈)과 工(장인 / 손도끼 공)을 합친 글자예요.

물방울 ⬤ 에 가려진 한자를 필순에 맞게 쓰고, 빈칸에 알맞은 훈과 음을 쓰세요.

손잡이와 도끼날이 있는 손도끼를 그린 한자는?	工	工	工	工
	工	工	工	工
장인 ☐	☐ 공	장인 ☐	☐ 공	장인 ☐
총 3획	ー丁工			

집에 손도끼로 구멍을 뚫은 한자는?	空	空	空	空
	空	空	空	空
빌 ☐	☐ 공	빌 ☐	☐ 공	빌 ☐
총 8획	、丷宀宀空空空空			

 한자의 음을 쓰세요.

❶ 토목이나 건축 일 **工事** ☐

❷ 하늘과 땅 사이 **空中** ☐

❸ 나무로 물건 만드는 **木工** ☐

❹ 공중에서 싸우는 **空軍** ☐

복습! 8급 한자 中(가운데 중) 木(나무 목) 軍(군사 군)

65

문장을 소리 내어 읽고 한자의 음을 쓰세요.

소리 내어 문장 읽기	한자 음 쓰기
❶ 옥상에서 종이비행기를 空中으로 날렸습니다.	
❷ 아파트 工事가 진행되고 있습니다.	
❸ 三寸은 가구 회사에서 木工 일을 하십니다.	
❹ 형은 육군, 나는 空軍에 입대할 것입니다.	

복습! 8급 한자   三(석 삼) 寸(마디 촌)

 도전! 7급 시험

<u>밑줄 친</u> 뜻에 해당하는 한자를 찾거나, 음에 해당하는 한자어를 <보기>에서 찾아보세요.

<보기>   ① 工事   ② 空中   ③ 木工   ④ 空   ⑤ 空軍

1. 새는 공중을 자유롭게 날아다닙니다. _____
2. 삼촌은 가구 회사에서 <u>목공</u> 일을 하십니다. _____
3. 남윤이는 <u>빈</u> 캔을 쓰레기통에 버렸습니다. _____
4. 공사 중 통행에 불편을 드려 죄송합니다. _____

1. ② 2. ③ 3. ④ 4. ①

17 물이 갈라지는 강 江, 문 옆 도끼 놓는 곳 바 所

강 강

바 소

'강 강'은 손도끼로 찍은 것처럼
물이 갈라져 흐르는 모양이에요.

'바 소'는 외짝문과 도끼를 그려
문 옆에 도끼를 놓는 '곳'을 가리켜요.

 풀이말을 큰 소리로 읽으며 획을 따라 쓰세요.

따라 써 봐!

江	江	江	江	江
물이	도끼로 찍은 듯	갈라져 흐르는	강 강	강 강

所	所	所	所
외짝문 옆에	도끼 놓는 곳	바 소	바 소

 所는 장소를 가리키는 '곳 소'와 '~하는 것'을 가리키는 '바 소' 두 가지 뜻이 있어요.

필순 所는 戶(집 호), 斤(도끼 근)과 모양이 비슷하지만 쓰는 순서가 다르니 주의하세요.

　一　厂　ラ　戸　戸　所　所　所

반의어 江(강 강) ↔ 山(메 산)

물방울 ◯ 에 가려진 한자를 필순에 맞게 쓰고, 빈칸에 알맞은 훈과 음을 쓰세요.

손도끼로 찍은 듯 물이 갈라져 흐르는 한자는?	江	江	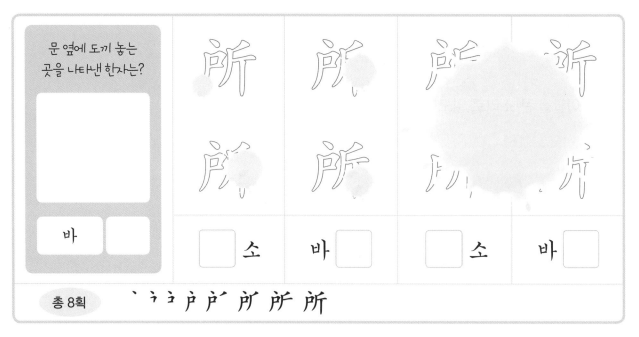	江
	江	江		江
강 ☐	☐ 강	강 ☐	☐ 강	강 ☐
총 6획	ﾞ ﾞ ﾞ ㇏ 江 江			

문 옆에 도끼 놓는 곳을 나타낸 한자는?	所	所	所	所
	所	所	所	所
바 ☐	☐ 소	바 ☐	☐ 소	바 ☐
총 8획	ﾞ ﾞ ﾟ ㇒ 戶 㞋 所 所 所			

 한자의 음을 쓰세요.

❶ 강과 산 **江山** ▭

❷ 일이 이루어지는 곳 **場所** ▭

❸ 강의 남쪽 **江南** ▭

❹ 매우 귀중한 것 **所重** ▭ 중

예습! 7급 한자 重(무거울 중)   복습! 8급 한자 山(메 산) 南(남녘 남)

문장을 소리 내어 읽고 한자의 음을 쓰세요.

소리 내어 문장 읽기	한자 음 쓰기
^{수학 2} ❶ 괴씸한 토끼! 내 **所重**한 녹두밭을 망쳐놓다니!	중
^{국어 2} ❷ **場所**의 변화에 따라 일이 일어난 순서를 정리해 봅시다.	
❸ 봄이 되면 **江南** 갔던 제비가 돌아옵니다.	
❹ 10년이면 **江山**도 변한다고 합니다.	

 도전! 7급 시험

밑줄 친 뜻에 해당하는 한자를 찾거나, 음에 해당하는 한자어를 <보기>에서 찾아보세요.

<보기>   ① 江山   ② 江   ③ 江南   ④ 所重   ⑤ 場所

1. 진정 소중한 것은 우리 가까이 있어.   _____
2. 팔도강산 어디나 아름답습니다.   _____
3. 봄나들이 장소를 살펴봅시다.   _____
4. 강남과 강북 중 어디가 인구가 많나요?   _____

1.④ 2.① 3.⑤ 4.③

18 쟁기로 힘쓰는 힘 力, 밭에서 힘써 일하는 사내 男

힘 력

'힘 력'은 굽은 나무로 만든
쟁기를 그렸어요. 쟁기는 밭을 갈려고
힘써 일하는 데 써요.

사내 남

'사내 남'은 밭에서 힘써 일하는
사내를 가리켜요.

 풀이말을 큰 소리로 읽으며 획을 따라 쓰세요.

따라 써 봐!

力	力	力	力	力
굽은 나무	쟁기로	힘써 일하는	힘 력	힘 력

男	男	男	男
밭에서	힘써 일하는	사내 남	사내 남

 男은 田(밭 전)과 力(힘 력)을 합쳐 밭에서 힘써 일하는 사내를 가리켜요.
필순 男에서 田은 둘레(冂) 열십(十) 막음(一)의 순서로 써요. 또 力은 먼저 구부리고(乛) 내리그어요(丿).
반의어 男(사내 남) ↔ 女(여자 녀)

70

물방울 ⬤ 에 가려진 한자를 필순에 맞게 쓰고, 빈칸에 알맞은 훈과 음을 쓰세요.

굽은 나무로 만든 쟁기를 그린 한자는?

힘 □

총 2획　ㄱ 力

□ 력　　힘 □　　□ 력　　힘 □

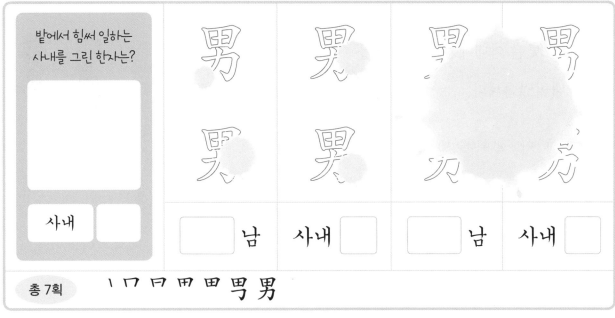

밭에서 힘써 일하는 사내를 그린 한자는?

사내 □

총 7획　ㅣ ㅁ 日 田 田 男 男

□ 남　　사내 □　　□ 남　　사내 □

 한자의 음을 쓰세요.

❶ 살아 움직이는 힘 活力 　　　　　❷ 맏아들 長男

❸ 불탈 때 열의 힘 火力 　　　　　❹ 부부의 남자 쪽 男便

복습! 8급 한자　力(힘 력) 長(긴/어른 장) 火(불 화)

71

문장을 소리 내어 읽고 한자의 음을 쓰세요.

소리 내어 문장 읽기	한자 음 쓰기
❶ 아버지는 **火力** 발전소에서 근무하십니다.	
❷ 저는 다섯 **兄弟** 중 **長男**입니다.	,
❸ 좋은 음악은 생활에 **活力**을 줍니다.	
❹ **男便**은 아내에게 월급봉투를 내밀었습니다.	

복습! 8급 한자   兄(형 형) 弟(아우 제)

 도전! 7급 시험

밑줄 친 뜻에 해당하는 한자를 찾거나, 음에 해당하는 한자어를 〈보기〉에서 찾아보세요.

〈보기〉   ① **活力**   ② **長男**   ③ **火力**   ④ **男**   ⑤ **力**

1. 전에는 장남에게 큰 기대를 했습니다.   _____

2. 남자아이는 바지와 저고리를 입습니다.   _____

3. 여행은 틀에 박힌 생활에 활력을 줍니다.   _____

4. 발의 힘을 조절해 공을 차야 합니다.   _____

19 네모 깃발 모 方, 깃발 들고 가리키는 기 旗

모 방

'모 방'은 깃봉 아래 매단
네모 깃발을 나타내요.

기 기

'기 기'는 고개 숙인 사람이 깃발을 들고
그곳을 가리키는 모양이에요.

 풀이말을 큰 소리로 읽으며 획을 따라 쓰세요.

따라 써 봐!

方	方	方	方	方
깃봉 아래	네모 깃발	네모 모양	모 방	모 방

旗	旗	旗	旗	旗
깃발 들고	고개 숙여	그곳을 가리키는	기 기	기 기

 方(모 방)은 깃발 모양에서 네모를 가리켜요. '모'는 구석이나 모퉁이, 귀퉁이에요. 旗에서 오른쪽의 ^는 고개 숙인 사람, 其는
가까운 것을 가리키는 '그 기'예요.

필순 方은 ㅗ 아래 먼저 구부리고(ㄱ) 나중에 내리그어요(丿).

73

물방울 ⚪ 에 가려진 한자를 필순에 맞게 쓰고, 빈칸에 알맞은 훈과 음을 쓰세요.

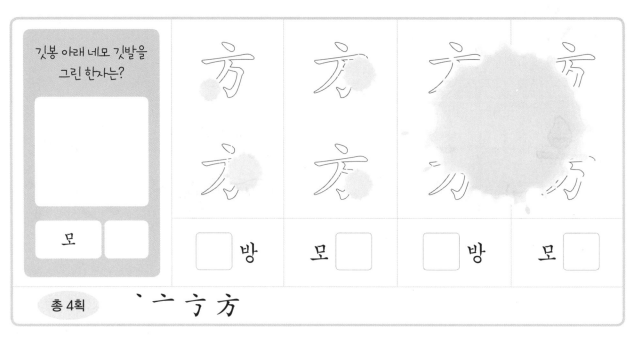

깃봉 아래 네모 깃발을 그린 한자는?

모

총 4획   丶　亠　方

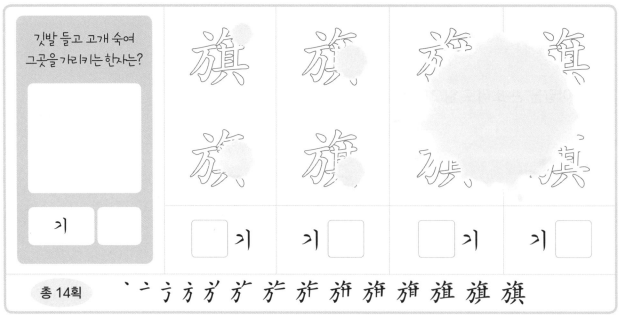

깃발 들고 고개 숙여 그곳을 가리키는 한자는?

기

총 14획   丶　亠　方　方　方　方　方　旌　旌　旌　旗　旗

 한자의 음을 쓰세요.

① 동서남북 네 방위 **四方**

② 나라를 대표하는 기 **國旗**

③ 동쪽 **東方**

④ 기를 드는 사람 **旗手**

복습! 8급 한자   四(넉 사) 國(나라 국) 東(동녘 동)

문장을 소리 내어 읽고 한자의 음을 쓰세요.

소리 내어 문장 읽기	한자 음 쓰기
❶ 국경일에는 집집마다 **國旗**를 게양합니다.	
❷ 낙엽이 바람에 날려 **四方**으로 흩어집니다.	
❸ **東方**박사가 별을 보고 찾아왔습니다.	
❹ 우리 선수단이 **旗手**를 앞세우고 **入場**했습니다.	

도전! 7급 시험

밑줄 친 뜻에 해당하는 한자를 찾거나, 음에 해당하는 한자어를 〈보기〉에서 찾아보세요.

〈보기〉　①四方　②國旗　③東方　④方　⑤旗手

1. 현충일에는 <u>국기</u>를 한 폭 내려 답니다. _____

2. 오방색에서 <u>동방</u>은 청색, 서방은 흰색입니다. _____

3. 청군의 푸른 깃발이 <u>기수</u>의 손에서 펄럭입니다. _____

4. <u>사방</u>이 칠흑 같은 어둠에 싸였습니다. _____

1.② 2.③ 3.⑤ 4.①

20 바퀴에 굴대 끼운 수레 車, 물에 풀어 만드는 종이 紙

수레 차

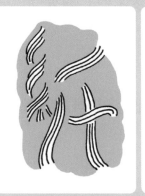

종이 지

'수레 차'는 바퀴, 짐칸, 굴대를 그렸어요.

'종이 지'는 나무껍질을 가는 실 모양으로 물에 풀어 만든 종이를 나타내요.

 풀이말을 큰 소리로 읽으며 획을 따라 쓰세요.

따라 써 봐!

車	車	車	車
바퀴, 짐칸, 바퀴에	굴대 끼운	수레 차	수레 차

紙	紙	紙	紙	紙
가는 실을	뿌리 모양으로	물에 풀어 건져 말린	종이 지	종이 지

 車는 자동차(車), 자전거(車)처럼 '수레 차', '수레 거' 두 가지로 읽어요. 紙에서 糸는 실타래(糸)와 실마리(小)를 합친 '가는 실 사'예요. 또 氏는 나무껍질을 물에 풀어 氏자 모양으로 흩어진 것을 가리켜요.

필순 紙에서 糸는 꺾고(ㄴ) 꺾고(ㄴ) 점(ㆍ), 小는 내리긋고 양쪽 점을 찍어요.

물방울 ◯에 가려진 한자를 필순에 맞게 쓰고, 빈칸에 알맞은 훈과 음을 쓰세요.

바퀴 사이에 굴대 끼운 한자는? 수레 ☐	車	車	車	車
	☐ 차	수레 ☐	☐ 차	수레 ☐

총 7획 一 厂 厅 盲 百 亘 車

가는 실을 뿌리 모양으로 물에 푼 한자는? 종이 ☐	紙	紙	紙	紙
	☐ 지	종이 ☐	☐ 지	종이 ☐

총 10획 ㄴ ㄴ 幺 纟 糸 糸 糸 紅 紅 紙

 한자의 음을 쓰세요.

❶ 이름난 자동차 **名車** ☐☐☐☐

❷ 글이 없는 빈 종이 **白紙** ☐☐☐☐

❸ 흰색 순찰차 **白車** ☐☐☐☐

❹ 답을 적는 종이 **答紙** 답 ☐☐

예습! 7급 한자 答(대답 답)   **복습! 8급 한자** 白(흰 백)

문장을 소리 내어 읽고 한자의 음을 쓰세요.

소리 내어 문장 읽기	한자 음 쓰기
❶ 자동차 전시회에는 세계의 名車들이 선보였습니다.	
❷ 철수는 맨 먼저 答紙를 제출하고 밖으로 나갔습니다.	
❸ 대통령이 탄 차를 白車가 호위합니다.	
❹ 그녀는 白紙 위에 뭔가를 적고 있습니다.	

도전! 7급 시험

밑줄 친 뜻에 해당하는 한자를 찾거나, 음에 해당하는 한자어를 <보기>에서 찾아보세요.

<보기> ① 名車   ② 白紙   ③ 白車   ④ 答紙   ⑤ 紙

1. 백지에 쓴 낙서가 눈에 띕니다. _____

2. 사이렌을 울리며 백차가 지나갔습니다. _____

3. 나영아, 너는 종이접기를 잘하는구나! _____

4. 속도가 빠른 그 차는 3대 명차 중 하나입니다. _____

16~20과 복습

 빈칸에 알맞은 한자와 훈음을 쓰세요.

강 강	旗	수레 차	空	모 방

힘 력	사내 남	方	종이 지	所

 紙		車		
	장인 공		바 소	기 기

<보기> 工 空 江 所 力 男 方 旗 車 紙

① 저는 다섯 형제 중 장 ⬜ 입니다.

② 낙엽이 바람에 날려 사 ⬜ 으로 흩어집니다.

③ 자동차 전시회에는 세계의 명 ⬜ 들이 선보였습니다.

④ 국경일에는 집집마다 국 ⬜ 를 게양합니다.

⑤ 아파트 ⬜ 사가 진행되고 있습니다.

⑥ 그녀는 백 ⬜ 위에 뭔가를 적고 있습니다.

⑦ 봄나들이 장 ⬜ 를 찾아봅시다.

⑧ 종이비행기를 ⬜ 중에 날렸습니다.

⑨ 10년이면 ⬜ 산도 변한다고 합니다.

⑩ 아버지는 화 ⬜ 발전소에서 일하십니다.

7급 시험 기출 문제

맞힌 개수:　　　　/ 20 개

[1~8] 다음 한자어의 음(音: 소리)을 쓰세요.

 〈보기〉　**漢字** → 한자

1. **四方**이 산으로 둘러싸여 있습니다.
　　　　_____

2. 독수리가 **空中**으로 날아갔습니다.
　　　　_____

3. **長男**에 대한 기대치가 높습니다.
　　　　_____

4. 무궁화 삼천리 화려 **江山**.
　　　　_____

5. 문화재를 **所重**히 생각합니다.
　　　　_____

6. 그는 **木工**을 배웠습니다.
　　　　_____

7. **答紙**를 반면만 채웠습니다.
　　　　_____

8. 음악은 생활에 **活力**을 줍니다.
　　　　_____

[9~12] 다음 한자의 훈(訓: 뜻)과 음(音: 소리)을 쓰세요.

 〈보기〉　**字** → 글자 자

9. 江　　_____

10. 旗　　_____

11. 方　　_____

12. 車　　_____

[13~15] 다음 한자의 상대 또는 반대되는 한자를 〈보기〉에서 골라 그 번호를 쓰세요.

〈보기〉　①女　　②弟　　③山

13. 江 ↔ (　　)

14. 男 ↔ (　　)

15. 兄 ↔ (　　)

[16~18] 다음 한자어의 뜻을 쓰세요.

16. 白紙　　_____

17. 長男　　_____

18. 國旗　　_____

[19~20] 다음 한자의 진하게 표시한 획은 몇 번째 쓰는지 〈보기〉에서 찾아 그 번호를 쓰세요.

③ 세 번째	④ 네 번째
〈보기〉 ⑤ 다섯 번째	⑥ 여섯 번째
⑦ 일곱 번째	⑧ 여덟 번째

19. 車　　_____

20. 男　　_____

21 촛불에 촛대 주인 主, 사람이 주인으로 살 住

주인 주

'주인 주'는 촛불이 촛대 한가운데서 빛을
내며 타는 모양을 그렸어요. '한가운데'라는
뜻에서 집의 '주인'을 가리켜요.

살 주

'살 주'는 사람이 집의 주인으로
머물며 사는 모습이에요.

 풀이말을 큰 소리로 읽으며 획을 따라 쓰세요.

따라 써 봐!

主	主	主	主	主
촛불이	촛대 한가운데	주인처럼 빛을 내는	주인 주	주인 주

住	住	住	住	住
사람이	주인으로	머물며 사는	살 주	살 주

 主의 아래는 크고 화려한 '왕 도끼'를 그린 王(임금 왕)과 모양이 같아요.

물방울 ⬤ 에 가려진 한자를 필순에 맞게 쓰고, 빈칸에 알맞은 훈과 음을 쓰세요.

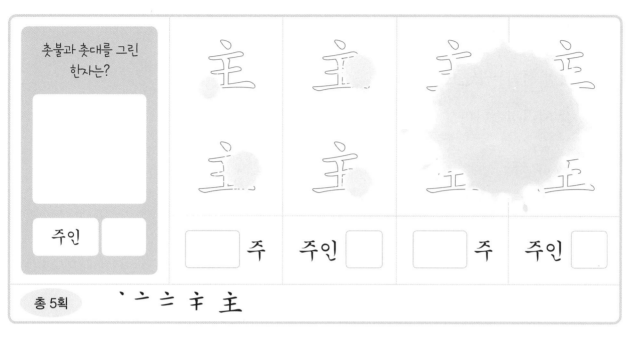

촛불과 촛대를 그린 한자는?

주인 ☐

총 5획 ` ⼀ ⼆ ⻌ 主

| ☐ 주 | 주인 ☐ | ☐ 주 | 주인 ☐ |

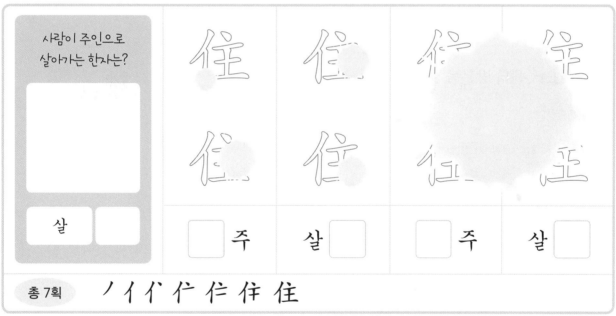

사람이 주인으로 살아가는 한자는?

살 ☐

총 7획 ノ イ イ´ イ⼆ イ乍 住 住

| ☐ 주 | 살 ☐ | ☐ 주 | 살 ☐ |

 한자의 음을 쓰세요.

❶ 물건을 가진 사람 **主人** ☐

❷ 살고 있는 곳 **住所** ☐

❸ 국민이 주인 **民主** ☐

❹ 지역에 사는 사람 **住民** ☐

복습! 8급 한자 人(사람 인) 民(백성 민)

문장을 소리 내어 읽고 한자의 음을 쓰세요.

소리 내어 문장 읽기	한자 음 쓰기
❶ 이번 선거는 **民主**적으로 잘 치러졌습니다.	
❷ 학교 홈페이지 **住所**를 알려주세요.	
❸ **教室**에 **主人** 없는 우산이 하나 있습니다.	,
❹ **住民**센터 방문을 환영합니다.	

복습! 8급 한자 敎(가르칠 교) 室(집 실)

 도전! 7급 시험

밑줄 친 뜻에 해당하는 한자를 찾거나, 음에 해당하는 한자어를 <보기>에서 찾아보세요.

| <보기> | ① 主人 | ② 住 | ③ 民主 | ④ 住所 | ⑤ 住民 |

1. 외할머니는 외삼촌과 함께 <u>살고</u> 계십니다. _____
2. 나는 <u>주인</u>으로서 무엇을 해야 할지 생각합니다. _____
3. <u>주민</u>센터는 우체국 옆에 있습니다. _____
4. <u>민주</u>주의는 공명정대한 선거에서 출발합니다. _____

1. ② 2. ① 3. ⑤ 4. ③

22 깃발 내건 가게 저자 市, 밭 갈고 흙 돋우는 마을 里

市
저자 시

'저자 시'는 깃봉 아래 수건 모양의 광고
깃발을 걸어놓은 가게를 그렸어요.
'저자'는 '가게'의 옛말이에요.

里
마을 리

'마을 리'는 밭을 갈고 흙을 돋우며
살아가는 농촌 마을을 가리켜요.

풀이말을 큰 소리로 읽으며 획을 따라 쓰세요.

따라 써 봐!

市	市	市	市	市
깃봉 아래	수건 깃발 걸어놓고	물건 파는 가게	저자 시	저자 시

里	里	里	里
밭 갈고	흙 돋우며 살아가는	마을 리	마을 리

市의 巾은 막대에 수건을 걸어 놓은 '수건 건'이에요. 여기서 巾은 가게를 알리는 광고 깃발이에요.
里(리)는 '마을'이라는 뜻과 함께 거리 단위로도 쓰여 마을 사이의 거리(약 400m)를 나타내요.
필순 里은 田과 土를 나누어 쓰지 않고 日을 먼저 쓰고 土를 이어 써요.

물방울 에 가려진 한자를 필순에 맞게 쓰고, 빈칸에 알맞은 훈과 음을 쓰세요.

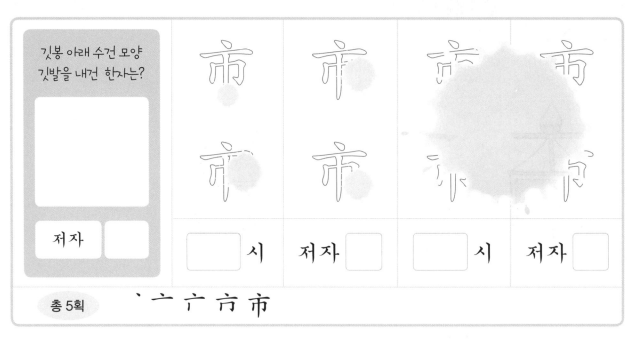

깃봉 아래 수건 모양
깃발을 내건 한자는?

저자 ☐

총 5획　`一广方市

☐ 시　저자 ☐　☐ 시　저자 ☐

밭 갈고 흙 돋우며 사는
모습의 한자는?

마을 ☐

총 7획　丨 冂 曰 曰 甲 里 里

☐ 리　마을 ☐　☐ 리　마을 ☐

 한자의 음을 쓰세요.

❶ 시에 사는 **市民**　　　　　❷ 우리나라 **三千里**

❸ 시를 책임지는 **市長**　　　❹ 약 4 Km 거리 **十里**

복습! 8급 한자　民(백성 민) 三(석 삼) 千(일천 천) 長(긴 / 어른 장) 十(열 십)

86

문장을 소리 내어 읽고 한자의 음을 쓰세요.

소리 내어 문장 읽기	한자 음 쓰기
❶ 주말에 한강 **市民** 공원에서 자전거를 탔습니다.	
❷ 사람들은 **市長**의 연설에 감동했습니다.	
❸ **三千里** 방방곡곡에 해방의 기쁨이 넘쳤습니다.	
❹ 나를 버리고 가시는 님은 **十里**도 못 가서 발병 난다.	

 도전! 7급 시험

밑줄 친 뜻에 해당하는 한자를 찾거나, 음에 해당하는 한자어를 〈보기〉에서 찾아보세요.

〈보기〉 ① 里   ② 三千里   ③ 市長   ④ 十里   ⑤ 市民

1. 무궁화 <u>삼천리</u> 화려강산. _____

2. 봇짐장수는 어두운 <u>십리</u> 벌판길을 걸어왔습니다. _____

3. 우리 시는 <u>시민</u>활동을 적극 지원합니다. _____

4. 시장은 시민의 목소리에 귀를 기울였습니다. _____

1.② 2.④ 3.⑤ 4.③

23 흙자루 든 무거울 重, 무거운 것을 힘써 움직일 動

무거울 중

'무거울 중'은 고개 숙인 사람이 무거운
흙자루를 든 모습이에요.

움직일 동

'움직일 동'은 무거운 흙자루를
힘써 옮기는 모습이에요.

 풀이말을 큰 소리로 읽으며 획을 따라 쓰세요.

따라 써 봐!

고개 숙여
팔 벌리고

자루에

흙을 담아

무거울 중

무거울 중

무거운 것을

힘써 옮겨

움직일 동

움직일 동

 重은 고개 숙이고 팔 벌린 사람(=)이 자루(日)에 흙(土)을 마구 퍼 담아 무거운 '무거울 중'이에요. 또한 자루에 흙을 거듭 담는
모습에서 '거듭 중'의 뜻으로도 써요. ● 二重(이중)

88

물방울 🌢 에 가려진 한자를 필순에 맞게 쓰고, 빈칸에 알맞은 훈과 음을 쓰세요.

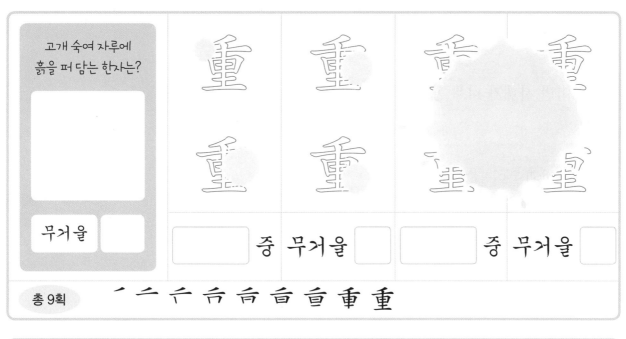

고개 숙여 자루에 흙을 퍼 담는 한자는?			
무거울 ☐			

무거울 ☐ 중 무거울 ☐ 중 무거울 ☐

총 9획　ノ 二 千 斤 台 台 盲 重 重

무거운 흙자루를 힘써 옮기는 한자는?			
움직일 ☐			

움직일 ☐ 동 움직일 ☐ 동 움직일 ☐

총 11획　ノ 二 千 斤 台 台 盲 重 重 動 動

 한자의 음을 쓰세요.

❶ 중요하고 큼 **重大** ☐

❷ 나가 움직임 **出動** ☐

❸ 두 번 거듭됨 **二重** ☐

❹ 움직이는 생물 **動物** ☐

복습! 8급 한자 　大(큰 대) 二(두 이)

문장을 소리 내어 읽고 한자의 음을 쓰세요.

소리 내어 문장 읽기	한자 음 쓰기
❶ 이번 사태가 너무 **重大**합니다.	☐
❷ 소방관들이 급히 **出動**해 불을 껐습니다.	☐
❸ 날씨가 추워져 **二重** 창문으로 바꾸었습니다.	☐
ᴷᵘᵏᵉᵒ¹ ❹ **動物**원에서 엉금엉금 기어가는 거북을 구경했습니다.	☐ 원

24 집 안에 들인 구슬 온전 全, 대쪽의 글을 합친 대답 答

온전 전

대답 답

'온전 전'은 집 안에 들여놓은 구슬로 깨지거나 흠집 없이 온전한 것을 가리켜요.

'대답 답'은 대쪽에 글을 쓰고 합쳐 답하는 모양이에요.

 풀이말을 큰 소리로 읽으며 획을 따라 쓰세요.

 따라 써 봐!

全	全	全	全	全
집 안에 들여놓아야	구슬이	온전하니	온전 전	온전 전

答	答	答	答	答
대쪽에 글 쓰고	합쳐	대답하니	대답 답	대답 답

 全의 王은 여기서 '구슬 옥'의 뜻으로 쓰였어요.

答은 ⺮(대죽 머리)와 合(합칠 합)을 합친 글자에요. ⺮은 竹(대나무 죽)의 줄임꼴로 글자 머리에 써요.

반의어 答(대답 답) ↔ 問(물을 문)

물방울 에 가려진 한자를 필순에 맞게 쓰고, 빈칸에 알맞은 훈과 음을 쓰세요.

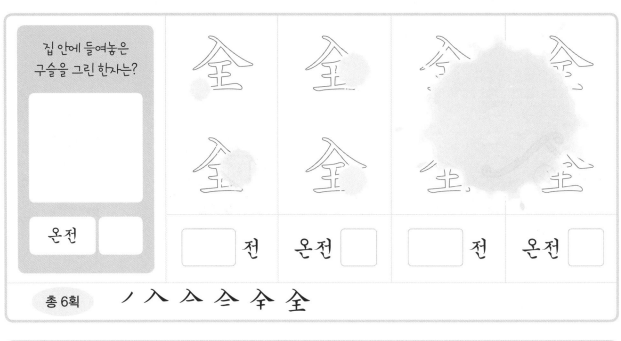

집 안에 들여놓은 구슬을 그린 한자는?

온전

□ 전   온전 □   □ 전   온전 □

총 6획   ノ 入 𠆢 仐 全 全

대쪽에 글을 쓰고 합쳐 답하는 한자는?

대답

□ 답   대답 □   □ 답   대답 □

총 12획   ノ 𠂉 𠂇 𥫗 𥫗 𥫗 𥫗 竻 答 答 答

 한자의 음을 쓰세요.

① 온 나라 **全國** _____   ② 스스로 대답함 **自答** _____

③ 한 학교 전체 **全校** _____   ④ 훌륭한 대답 **名答** _____

복습! 8급 한자 國(나라 국) 自(스스로 자) 校(학교 교)

문장을 소리 내어 읽고 한자의 음을 쓰세요.

소리 내어 문장 읽기	한자 음 쓰기
❶ 주말에는 **全國**에 비가 내리겠습니다.	
❷ 지금 하신 그 대답은 과연 **名答**이십니다.	
❸ 오늘은 **全校** 어린이 회장을 뽑는 날입니다.	
❹ 매일 밤 혼자 자문하고 **自答**하면서 해결 방안을 찾았습니다.	

도전! 7급 시험

밑줄 친 뜻에 해당하는 한자를 찾거나, 음에 해당하는 한자어를 〈보기〉에서 찾아보세요.

〈보기〉 　① **全國**　② **自答**　③ **全**　④ **答**　⑤ **全校**

1. 전교생이 운동장에 모였습니다. _____

2. 전국의 농산물이 이곳에 모입니다. _____

3. 질문을 읽고 알맞은 답을 말하세요. _____

4. 자답하는 버릇이 생겼습니다. _____

1.⑤ 2.① 3.④ 4.②

93

25 대쪽 쌓고 손으로 셈 算, 막대 치며 헤아리는 셈 數

算
셈 산

'셈 산'은 대쪽을 네모반듯 쌓고
두 손으로 헤아리며 셈하는 모습이에요.

數
셈 수

'셈 수'는 머리를 거듭 땋은 여자가
막대를 치며 헤아리는 모습이에요.

 풀이말을 큰 소리로 읽으며 획을 따라 쓰세요.

따라 써 봐!

算	算	算	算	算
대쪽을	네모반듯 쌓고	두 손으로 셈하는	셈 산	셈 산

數	數	數	數	數
머리를 거듭 땋아 올리고	막대로 헤아리며	셈하는	셈 수	셈 수

 數에서 왼쪽 婁는 머리를 땋아 올린 여자를 그린 '거듭 루'예요. 또한 오른쪽의 攵(칠 복)은 고개 숙여(ᄼ) 막대를 휘두르는(乂)
모양이에요.

필순 數에서 婁는 위에서부터 차례대로 ㄇ ㅡ ㅡ 口를 쓰고 내리그어요(丨). 女는 가로 획 (ㅡ)을 맨 나중에 써요.

물방울 ◯ 에 가려진 한자를 필순에 맞게 쓰고, 빈칸에 알맞은 훈과 음을 쓰세요.

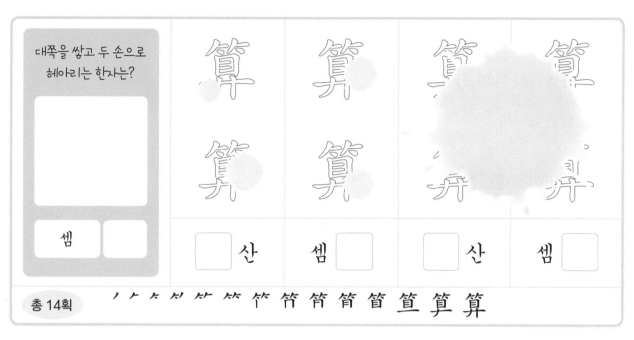

대쪽을 쌓고 두 손으로 헤아리는 한자는?			
셈	☐산	셈☐	☐산	셈☐

총 14획   ノ ト ゲ ゲ ゲ ゲ ゲ ゲ ゲ ゲ ゲ 筲 筲 算 算

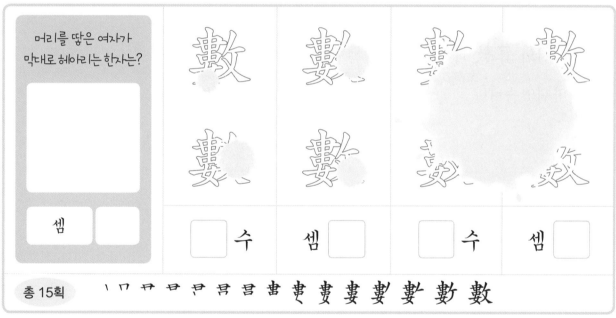

머리를 땋은 여자가 막대로 헤아리는 한자는?			
셈	☐수	셈☐	☐수	셈☐

총 15획   ﾉ 口 ﾖ 吊 吊 吊 吊 婁 婁 婁 婁 數 數 數 數

 한자의 음을 쓰세요.

❶ 셈과 수 **算數** ☐   ❷ 수를 탐구하는 학문 **數學** ☐

❸ 전자 회로로 계산 **電算** ☐   ❹ 친족의 가까운 정도 **寸數** ☐

문장을 소리 내어 읽고 한자의 음을 쓰세요.

소리 내어 문장 읽기	한자 음 쓰기
❶ 아버지와 나의 **寸數**는 일촌입니다.	
❷ 우빈이는 **數學**, 도운이는 **國語**를 좋아합니다.	
❸ 요즘 회사 업무는 대부분 **電算**으로 처리합니다.	
❹ 이전의 **算數** 과목은 수학 과목으로 바뀌었습니다.	

 도전! 7급 시험

밑줄 친 뜻에 해당하는 한자를 찾거나, 음에 해당하는 한자어를 〈보기〉에서 찾아보세요.

〈보기〉 ① 算   ② 數學   ③ 電算   ④ 寸數   ⑤ 算數

1. 좋아하는 동물을 분류해 <u>세어</u> 봅시다. _____

2. 먼 친척 아저씨와 <u>촌수</u>를 따졌습니다. _____

3. <u>수학</u>책의 긴 쪽의 길이를 재어 보세요. _____

4. 컴퓨터 바이러스는 <u>전산</u> 업무를 마비시킵니다. _____

1.① 2.④ 3.② 4.③

96

21~25과 복습

 빈칸에 알맞은 한자와 훈음을 쓰세요.

	答		算	
움직일 동		마을 리		살 주
		住		全
무거울 중	셈 수		저자 시	
答		里		重
대답 답	주인 주		온전 전	

빈칸에 알맞은 한자를 <보기>에서 찾아 쓰세요.

<보기> 主 住 市 里 重 動 全 答 算 數

① 아버지와 나의 촌 [   ] 는 일촌입니다.

② 한강 [   ] 민공원에서 자전거를 탔습니다.

③ 삼천 [   ] 방방곡곡에 해방의 기쁨이 넘쳤습니다.

④ 지금 하신 그 대답은 과연 명 [   ] 이십니다.

⑤ 교실에 [   ] 인 없는 우산이 하나 있습니다.

⑥ 학교 홈페이지 [   ] 소를 알려주세요.

⑦ 주말에는 [   ] 국에 비가 내리겠습니다.

⑧ 이전의 [   ] 수 과목은 수학 과목으로 바뀌었습니다.

⑨ 소방관들이 급히 출 [   ] 해 불을 껐습니다.

⑩ 이번 사태가 너무 [   ] 대합니다.

[1~8] 다음 한자어의 음(音: 소리)을 쓰세요.

 漢字 → 한자

1. 학교 홈페이지 **住所**가 뭐였나요?

_____

2. 애완**動物**을 키웁니다.

_____

3. 석이는 **數學** 시간에 졸았습니다.

_____

4. **市民**단체가 있습니다.

_____

5. 월급은 **電算**으로 처리됩니다.

_____

6. 이번 사태가 너무 **重大**합니다.

_____

7. 선거는 **民主**적으로 치러졌습니다.

_____

8. **十里**를 걸어 다닙니다.

_____

[9~12] 다음 한자의 훈(訓: 뜻)과 음(音: 소리)을 쓰세요.

 字 → 글자 자

9. 答 _____

10. 動 _____

11. 算 _____

12. 住 _____

[13~15] 다음 한자의 상대 또는 반대되는 한자를 〈보기〉에서 골라 그 번호를 쓰세요.

〈보기〉 ①北 ②植 ③問

13. 動物 ↔ ( )物

14. ( ) ↔ 答

15. 南 ↔ ( )

[16~18] 다음 한자어의 뜻을 쓰세요.

16. 全校 _____

17. 住所 _____

18. 市民 _____

[19~20] 다음 한자의 진하게 표시한 획은 몇 번째 쓰는지 〈보기〉에서 찾아 그 번호를 쓰세요.

〈보기〉	① 첫 번째	② 두 번째
	③ 세 번째	④ 네 번째
	⑤ 다섯 번째	⑥ 여섯 번째

19. 市

20. 里

7급 150자(8급 한자 포함)

8급 (50자)	日 날 일	月 달 월	火 불 화	水 물 수	木 나무 목	金 쇠 금	土 흙 토	外 바깥 외
	寸 마디 촌	長 긴 장	一 한 일	二 두 이	三 석 삼	四 넉 사	五 다섯 오	六 여섯 륙
	七 일곱 칠	八 여덟 팔	九 아홉 구	十 열 십	東 동녘 동	西 서녘 서	南 남녘 남	北 북녘 북
	小 작을 소	門 문 문	山 메 산	中 가운데 중	靑 푸를 청	白 흰 백	父 아비 부	母 어미 모
	兄 형 형	弟 아우 제	先 먼저 선	生 날 생	學 배울 학	校 학교 교	敎 가르칠 교	室 집 실
	大 큰 대	韓 한국 한	民 백성 민	國 나라 국	軍 군사 군	人 사람 인	萬 일만 만	年 해 년
	女 여자 녀	王 임금 왕						

7급 1권 (50자)	入 들 입	內 안 내	天 하늘 천	夫 지아비 부	立 설 립	文 글월 문	花 꽃 화	便 편할 편
	邑 고을 읍	色 빛 색	子 아들 자	字 글자 자	老 늙을 로	孝 효도 효	安 편안 안	姓 성 성
	每 매양 매	海 바다 해	祖 할아비 조	漢 한수 한	口 입 구	問 물을 문	命 목숨 명	歌 노래 가
	同 한가지 동	洞 골 동	活 살 활	話 말씀 화	語 말씀 어	記 기록할 기	直 곧을 직	植 심을 식
	自 스스로 자	面 낯 면	道 길 도	前 앞 전	有 있을 유	育 기를 육	心 마음 심	食 먹을 식
	左 왼 좌	右 오른 우	手 손 수	事 일 사	正 바를 정	足 발 족	登 오를 등	後 뒤 후
	夏 여름 하	冬 겨울 동						

7급 2권 (50자)	夕 저녁 석	名 이름 명	上 윗 상	下 아래 하	地 땅 지	電 번개 전	川 내 천	世 인간 세
	百 일백 백	千 일천 천	時 때 시	間 사이 간	草 풀 초	場 마당 장	春 봄 춘	農 농사 농
	午 낮 오	物 물건 물	家 집 가	然 그럴 연	休 쉴 휴	村 마을 촌	林 수풀 림	來 올 래
	秋 가을 추	氣 기운 기	不 아닐 불	平 평평할 평	出 날 출	少 적을 소	工 장인 공	空 빌 공
	江 강 강	所 바 소	力 힘 력	男 사내 남	方 모 방	旗 기 기	車 수레 차	紙 종이 지
	主 주인 주	住 살 주	市 저자 시	里 마을 리	重 무거울 중	動 움직일 동	全 온전 전	答 대답 답
	算 셈 산	數 셈 수						

> 7급 시험은 '바빠 급수 한자 – 7급' 1권 50자, 2권 50자를 모두 공부해야 응시할 수 있어요!

모의 한자능력검정시험

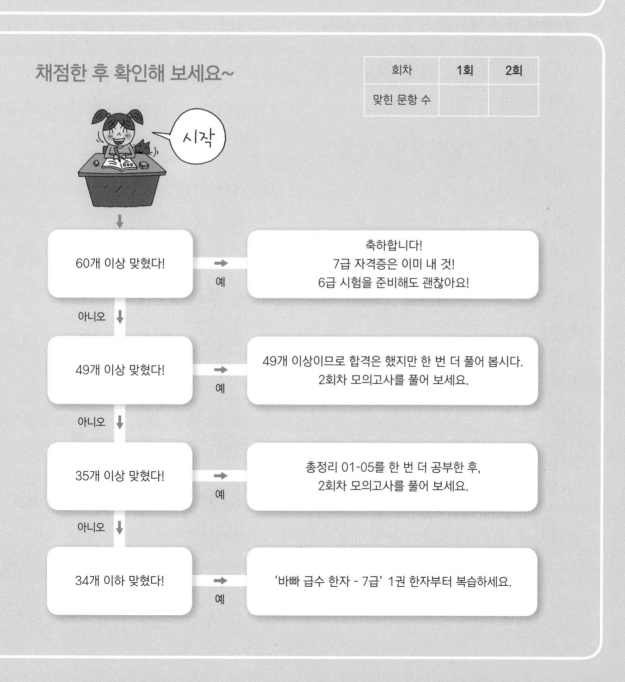

7급

- 출제 기준 : ㈜한국어문회 한자능력검정시험
  * 2017년 8월 시험부터 변경된 출제 유형 반영
- 시험 문항 : 70문항

- 시험 시간 : 50분
- 합격 문항 : 49문항

채점한 후 확인해 보세요~

회차	1회	2회
맞힌 문항 수		

시작

60개 이상 맞혔다! → 예
축하합니다!
7급 자격증은 이미 내 것!
6급 시험을 준비해도 괜찮아요!

아니오

49개 이상 맞혔다! → 예
49개 이상이므로 합격은 했지만 한 번 더 풀어 봅시다.
2회차 모의고사를 풀어 보세요.

아니오

35개 이상 맞혔다! → 예
총정리 01-05를 한 번 더 공부한 후,
2회차 모의고사를 풀어 보세요.

아니오

34개 이하 맞혔다! → 예
'바빠 급수 한자 - 7급' 1권 한자부터 복습하세요.

[1~32] 다음 밑줄 친 한자어의 음(音: 소리)을 쓰세요.

 〈보기〉   漢字 → 한자

1. 市場에 가면 생선을 살 수 있습니다.

2. 저녁부터 비가 올 거라던 日氣 예보가 틀렸습니다.

3. 그들 兄弟의 얼굴은 서로 완전히 딴판입니다.

4. 아빠는 우리 반 敎室에 벽시계를 기증했습니다.

5. 배가 태풍을 피해 항구에 安全히 정박했습니다.

6. 편지봉투에 주소와 姓名을 적었습니다.

7. 실제로 活動을 하면 수학이 재미있습니다.

8. 답안지에 正答을 정확히 쓰십시오.

9. 아버지께서는 항상 正直하게 살라고 말씀하셨습니다.

10. 낙엽이 바람에 날려 四方으로 흩어집니다.

11. 그는 어머니를 극진히 모시는 孝子입니다.

12. 조금 전에 선생님께 電話를 드렸습니다.

13. 밤새 눈이 내려 온 世上이 하얗게 변했습니다.

14. 어린 시절부터 창의력을 키우는 敎育이 중요합니다.

15. 부모님의 마음을 편히 해 드리는 것이 孝道입니다.

16. 우리들은 每年 학교 마라톤 대회에 나갑니다.

17. 그 工場은 생산 시설이 자동화되어 있습니다.

18. 東海에서 일출하는 모습은 정말 멋있습니다.

19. 南北통일은 온 국민의 소망입니다.

20. 中間에 그 일이 어떻게 되었나요?

21. 푸른숲식물원에서 아름다운 **自然**을 느끼시기 바랍니다.

22. 말을 못하는 사람들은 **手話**로 자신의 생각을 표현합니다.

23. 저는 다섯 형제 중 **長男**입니다.

24. 나는 어릴 때부터 **三寸**과 함께 살았습니다.

25. 시간이 되자 **靑春** 남녀들이 많이 모여들었습니다.

26. 이 땅에는 **先祖**들이 남긴 귀중한 유산이 많이 있습니다.

27. 신문에 우리 학교에 관한 **記事**가 실렸습니다.

28. 파도에 배가 **左右**로 흔들립니다.

29. **電氣**에 감전된 것처럼 찌릿합니다.

30. **百姓**은 나라의 근본입니다.

31. 오늘 수업 **時間**에 줄넘기를 하였습니다.

32. 아빠, 동생과 함께 딸기 **農場**에 갔습니다.

[33~52] 다음 한자의 훈(訓: 뜻)과 음(音: 소리)을 쓰세요.

〈보기〉　字 → 글자 자

33. 足

34. 先

35. 午

36. 江

37. 世

38. 寸

39. 記

40. 答

41. 西

42. 左

43. 九

44. 父

45. 右

46. 話

47. 冬

48. 木

49. 時

50. 弟

51. 靑

52. 東

[53~54] 다음 밑줄 친 단어의 한자어를 〈보기〉에서 골라 그 번호를 쓰세요.

〈보기〉
① 後世 ② 食事
③ 便安 ④ 上空

53. 그는 의자에 편안히 앉아 책을 봅니다.

54. 저녁 식사로 바지락 칼국수를 먹었습니다.

[55~64] 다음 훈(訓: 뜻)과 음(音: 소리)에 맞는 한자를 〈보기〉에서 찾아 그 번호를 쓰세요.

〈보기〉
① 敎 ② 夕 ③ 姓 ④ 室
⑤ 王 ⑥ 有 ⑦ 邑 ⑧ 直
⑨ 村 ⑩ 夏

55. 집 실
56. 곧을 직
57. 여름 하
58. 가르칠 교
59. 저녁 석
60. 성 성
61. 임금 왕
62. 고을 읍
63. 있을 유
64. 마을 촌

[65~66] 다음 한자의 상대 또는 반대되는 한자를 〈보기〉에서 골라 그 번호를 쓰세요.

〈보기〉
① 春 ② 地
③ 外 ④ 敎

65. 內 ↔ (   )

66. (   ) ↔ 秋

최신 출제 유형
[67~68] 다음 뜻에 맞는 한자어를 〈보기〉에서 찾아 그 번호를 쓰세요.

〈보기〉
① 農民 ② 民心
③ 育林 ④ 白紙

67. 백성의 마음   68. 흰 종이

[69~70] 다음 한자의 진하게 표시한 획은 몇 번째 쓰는지 〈보기〉에서 찾아 그 번호를 쓰세요.

〈보기〉
① 첫 번째   ② 두 번째
③ 세 번째   ④ 네 번째
⑤ 다섯 번째   ⑥ 여섯 번째
⑦ 일곱 번째   ⑧ 여덟 번째

69. 軍

70. 海

모의 한자능력검정시험 7급

성명 : _____   시험 시간 : 50분

[1~32] 다음 밑줄 친 한자어의 음(音: 소리)을 쓰세요.

<보기> 漢字 → 한자

1. 일요일 午後에 어머니는 무엇을 했나요?

2. 로미오와 줄리엣의 家門은 서로 원수 지간이었습니다.

3. 고래의 숨과 空氣가 서로 닿아 뭉칩니다.

4. 옥상에서 종이비행기를 空中으로 날렸습니다.

5. 그녀는 男子 친구로부터 선물을 받고 무척 기뻐합니다.

6. 일본은 火山 폭발이 빈번한 나라입니다.

7. 영호는 십일 동안 南海로 여행을 떠났습니다.

8. 그는 마을에서도 알아주는 모범 青年입니다.

9. 비무장 지대에는 民家가 하나도 없습니다.

10. 때는 바야흐로 萬物이 소생하는 봄입니다.

11. 마당에는 여러 가지 花草가 피어 있습니다.

12. 어머니는 每月 초하루에는 꼭 절에 가십니다.

13. 절에서 스님들은 직접 農土를 경작합니다.

14. 반포 漢江공원 서래섬은 유채꽃이 아름답습니다.

15. 안녕하세요? 지난번 同門 모임에서 만났죠?

16. 시장은 상인들과 행인들로 活氣가 넘칩니다.

17. 正午에 영화관 앞에서 만납시다.

18. 엄마는 間食으로 찰옥수수를 쪄 주셨습니다.

19. 10년이면 江山도 변한다고 합니다.

20. 이 소설은 男女의 사랑을 소재로 한 것입니다.

21. 사람들이 빠른 걸음으로 車道를 건너갑니다.

22. 그는 양로원에서 자원봉사자로 **生活**합니다.

23. '**室內**에서 뛰지 않기'를 꼭 실천합시다.

24. 오빠는 모든 노래를 **軍歌**처럼 부릅니다.

25. 그 젊은이는 **老母**를 위해 산삼을 찾아다녔습니다.

26. 아버지는 **每事**를 신중히 처리하라고 말씀하십니다.

27. 우리나라 태권도는 **海外**에서 인기가 더 있습니다.

28. 명절에 **祖上**의 산소를 찾아가 성묘합니다.

29. 이 **植物**은 한라산 기슭에서 번식하는 아주 희귀한 약초입니다.

30. 아버지는 **每日** 아침 뒷산에서 약수를 길어 오십니다.

31. 우리 역의 첫차 시간은 **午前** 5시입니다.

32. **秋夕**에는 햇곡식으로 음식을 차리고 차례를 지냅니다.

[33~52] 다음 한자의 훈(訓: 뜻)과 음(音: 소리)을 쓰세요.

〈보기〉 **字** → 글자 자

33. 火
34. 動
35. 來
36. 林
37. 母
38. 小
39. 土
40. 車
41. 工
42. 南
43. 立
44. 每
45. 方
46. 算
47. 川
48. 下
49. 兄
50. 旗
51. 萬
52. 白

[53~54] 다음 밑줄 친 단어의 한자어를 <보기>에서 골라 그 번호를 쓰세요.

<보기>
① 休日   ② 平時
③ 不孝   ④ 農夫

53. 황소가 된 돌쇠는 <u>농부</u>에게 팔려갔습니다.

54. 우리는 <u>평시</u>에도 재난에 대비해야 합니다.

[55~64] 다음 훈(訓: 뜻)과 음(音: 소리)에 맞는 한자를 <보기>에서 찾아 그 번호를 쓰세요.

<보기>
① 軍 ② 洞 ③ 十 ④ 五
⑤ 外 ⑥ 月 ⑦ 秋 ⑧ 八
⑨ 活 ⑩ 孝

55. 열 십
56. 바깥 외
57. 달 월
58. 여덟 팔
59. 살 활
60. 효도 효
61. 골 동
62. 다섯 오
63. 가을 추
64. 군사 군

[65~66] 다음 한자의 상대 또는 반대되는 한자를 <보기>에서 골라 그 번호를 쓰세요.

<보기>
① 後   ② 足
③ 外   ④ 教

65. 手 ↔ (   )

66. 前 ↔ (   )

최신 출제 유형
[67~68] 다음 뜻에 맞는 한자어를 <보기>에서 찾아 그 번호를 쓰세요.

<보기>
① 全校   ② 住所
③ 植木   ④ 登山

67. 산에 오름   68. 나무를 심음

[69~70] 다음 한자의 진하게 표시한 획은 몇 번째 쓰는지 <보기>에서 찾아 그 번호를 쓰세요.

<보기>
① 첫 번째   ② 두 번째
③ 세 번째   ④ 네 번째
⑤ 다섯 번째   ⑥ 여섯 번째
⑦ 일곱 번째   ⑧ 여덟 번째

69.

70.

총정리 01 01~05과 복습

26쪽

❶ 下　❷ 電　❸ 千　❹ 夕　❺ 地
❻ 名　❼ 世　❽ 上　❾ 川　❿ 百

27쪽

1. 세상　2. 전기　3. 추석　4. 지방
5. 수백　6. 천만　7. 산천　8. 명물
9. 인간 세　10. 저녁 석　11. 아래 하
12. 내 천　13. ③ 下　14. ① 天
15. ② 山　16. 높은 하늘
17. 산에서 내려옴　18. 평평한 땅
19. ⑤ 다섯 번째　20. ④ 네 번째

총정리 02 06~10과 복습

44쪽

❶ 春　❷ 場　❸ 間　❹ 家　❺ 然
❻ 農　❼ 物　❽ 草　❾ 時　❿ 午

45쪽

1. 시장　2. 중간　3. 자연　4. 시간
5. 농장　6. 가문　7. 청춘　8. 오후
9. 낮 오　10. 때 시　11. 풀 초
12. 그럴 연　13. ① 冬　14. ③ 西
15. ② 敎
16. 아무것도 없는 빈 곳
17. 농사짓는 사람　18. 보통 때
19. ⑥ 여섯 번째　20. ⑦ 일곱 번째

총정리 03 11~15과 복습

62쪽

❶ 秋　❷ 休　❸ 林　❹ 氣　❺ 平
❻ 來　❼ 出　❽ 少　❾ 不　❿ 村

63쪽

1. 공기　2. 불안　3. 휴일　4. 농촌
5. 산림　6. 평일　7. 소녀　8. 외래

9. 마을 촌　10. 수풀 림　11. 올 래
12. 가을 추　13. ③ 春　14. ② 入
15. ① 老　16. 나무를 기름
17. 적은 수효　18. 편하지 않음
19. ⑥ 여섯 번째　20. ④ 네 번째

총정리 04 16~20과 복습

80쪽

❶ 男　❷ 方　❸ 車　❹ 旗　❺ 工
❻ 紙　❼ 所　❽ 空　❾ 江　❿ 力

81쪽

1. 사방　2. 공중　3. 장남　4. 강산
5. 소중　6. 목공　7. 답지　8. 활력
9. 강 강　10. 기 기　11. 모 방
12. 수레 차/수레 거　13. ③ 山
14. ① 女　15. ② 弟　16. 흰 종이
17. 큰아들　18. 나라의 기
19. ⑦ 일곱 번째　20. ⑥ 여섯 번째

총정리 05 21~25과 복습

98쪽

❶ 數　❷ 市　❸ 里　❹ 答　❺ 主
❻ 住　❼ 全　❽ 算　❾ 動　❿ 重

99쪽

1. 주소　2. 동물　3. 수학　4. 시민
5. 전산　6. 중대　7. 민주　8. 십리
9. 대답 답　10. 움직일 동　11. 셈 산
12. 살 주　13. ② 植　14. ③ 問
15. ① 北　16. 학교의 전체
17. 살고 있는 곳　18. 시에 사는 사람
19. ③ 세 번째　20. ⑤ 다섯 번째

모의시험 01회

102~104쪽

1. 시장	2. 일기	3. 형제	4. 교실
5. 안전	6. 성명	7. 활동	8. 정답
9. 정직	10. 사방	11. 효자	12. 전화
13. 세상	14. 교육	15. 효도	16. 매년
17. 공장	18. 동해	19. 남북	20. 중간
21. 자연	22. 수화	23. 장남	24. 삼촌
25. 청춘	26. 선조	27. 기사	28. 좌우
29. 전기	30. 백성	31. 시간	32. 농장
33. 발 족	34. 먼저 선	35. 낮 오	
36. 강 강	37. 인간 세	38. 마디 촌	
39. 기록할 기	40. 대답 답	41. 서녘 서	
42. 왼 좌	43. 아홉 구	44. 아비 부	
45. 오른 우	46. 말씀 화	47. 겨울 동	
48. 나무 목	49. 때 시	50. 아우 제	
51. 푸를 청	52. 동녘 동	53. ③ 便安	
54. ② 食事	55. ④ 室	56. ⑧ 直	
57. ⑩ 夏	58. ① 敎	59. ② 夕	
60. ③ 姓	61. ⑤ 王	62. ⑦ 邑	
63. ⑥ 有	64. ⑨ 村	65. ③ 外	
66. ① 春		67. ② 民心	
68. ④ 白紙		69. ⑦ 일곱 번째	
70. ⑥ 여섯 번째			

모의시험 02회

105~107쪽

1. 오후	2. 가문	3. 공기	4. 공중
5. 남자	6. 화산	7. 남해	8. 청년
9. 민가	10. 만물	11. 화초	12. 매월
13. 농토	14. 한강	15. 동문	16. 활기
17. 정오	18. 간식	19. 강산	20. 남녀
21. 차도	22. 생활	23. 실내	24. 군가
25. 노모	26. 매사	27. 해외	28. 조상
29. 식물	30. 매일	31. 오전	32. 추석
33. 불 화	34. 움직일 동	35. 올 래	
36. 수풀 림	37. 어미 모	38. 작을 소	
39. 흙 토	40. 수레 차/수레 거		
41. 장인 공	42. 남녘 남	43. 설 립	
44. 매양 매	45. 모 방	46. 셈 산	
47. 내 천	48. 아래 하	49. 형 형	
50. 기 기	51. 일만 만	52. 흰 백	
53. ④ 農夫	54. ② 平時	55. ③ 十	
56. ⑤ 外	57. ⑥ 月	58. ⑧ 八	
59. ⑨ 活	60. ⑩ 孝	61. ② 洞	
62. ④ 五	63. ⑦ 秋	64. ① 軍	
65. ② 足	66. ① 後	67. ④ 登山	
68. ③ 植木	69. ⑧ 여덟 번째		
70. ⑥ 여섯 번째			

수험번호 □□□-□□-□□□□   성명 □□□□□

생년월일 □□□□□□ ※ 주민등록번호 앞 6자리 숫자를 기입하십시오.

※ 성명은 한글로 작성
※ 필기구는 검정색 볼펜만 가능

※ 답안지는 컴퓨터로 처리되므로 구기거나 더럽히지 마시고, 정답 칸 안에만 쓰십시오.
　글씨가 채점란으로 들어오면 오답 처리 됩니다.

01회 모의 한자능력검정시험 7급 답안지(1) (시험시간:50분)

번호	정답	1검	2검	번호	정답	1검	2검	번호	정답	1검	2검
	답안란	채점란			답안란	채점란			답안란	채점란	
1				12				23			
2				13				24			
3				14				25			
4				15				26			
5				16				27			
6				17				28			
7				18				29			
8				19				30			
9				20				31			
10				21				32			
11				22				33			

감독위원	채점위원(1)		채점위원(2)		채점위원(3)	
(서명)	(득점)	(서명)	(득점)	(서명)	(득점)	(서명)

01회 모의 한자능력검정시험 7급 답안지(2)

답안란		채점란		답안란		채점란		답안란		채점란	
번호	정답	1검	2검	번호	정답	1검	2검	번호		1검	2검
34				47				60			
35				48				61			
36				49				62			
37				50				63			
38				51				64			
39				52				65			
40				53				66			
41				54				67			
42				55				68			
43				56				69			
44				57				70			
45				58							
46				59							

| 수험번호 | □□□-□□-□□□□ | 성명 | □□□□□ |

생년월일 □□□□□□ ※ 주민등록번호 앞 6자리 숫자를 기입하십시오.

※ 성명은 한글로 작성
※ 필기구는 검정색 볼펜만 가능

※ 답안지는 컴퓨터로 처리되므로 구기거나 더럽히지 마시고, 정답 칸 안에만 쓰십시오.
  글씨가 채점란으로 들어오면 오답 처리 됩니다.

02회 모의 한자능력검정시험 7급 답안지(1) (시험시간:50분)

번호	정답	1검	2검	번호	정답	1검	2검	번호	정답	1검	2검
1				12				23			
2				13				24			
3				14				25			
4				15				26			
5				16				27			
6				17				28			
7				18				29			
8				19				30			
9				20				31			
10				21				32			
11				22				33			

감독위원	채점위원(1)		채점위원(2)		채점위원(3)	
(서명)	(득점)	(서명)	(득점)	(서명)	(득점)	(서명)

02회 모의 한자능력검정시험 7급 답안지(2)

답안란		채점란		답안란		채점란		답안란		채점란	
번호	정답	1검	2검	번호	정답	1검	2검	번호		1검	2검
34				47				60			
35				48				61			
36				49				62			
37				50				63			
38				51				64			
39				52				65			
40				53				66			
41				54				67			
42				55				68			
43				56				69			
44				57				70			
45				58							
46				59							

 夕 저녁 석	 名 이름 명	 上 윗 상	 下 아래 하	 地 땅 지
 電 번개 전	 川 내 천	 世 인간 세	 百 일백 백	 千 일천 천
 時 때 시	 間 사이 간	 草 풀 초	 場 마당 장	 春 봄 춘
 農 농사 농	 午 낮 오	 物 물건 물	 家 집 가	 然 그럴 연
 休 쉴 휴	 村 마을 촌	 林 수풀 림	 來 올 래	 秋 가을 추

氣	不	平	出	少
기운 기	아닐 불	평평할 평	날 출	적을 소

工	空	江	所	力
장인 공	빌 공	강 강	바 소	힘 력
男	方	旗	車	紙
사내 남	모 방	기 기	수레 차	종이 지
主	住	市	里	重
주인 주	살 주	저자 시	마을 리	무거울 중
動	全	答	算	數
움직일 동	온전 전	대답 답	셈 산	셈 수

바쁜 친구들이 즐거워지는 빠른 학습서

덜 공부해도
더 빨라져요!

바빠 시리즈

연산 기초를 잡는 획기적인 책!
교과 공부에도 직접 도움이 돼요!
남정원 원장(대치동 남정원수학)

학습 결손이 생겼을 때 취약한
연산만 보충해 줄 수 있어요!
김정희 원장(일산 마두학원)

📖 교과 연계용 바빠 교과서 연산

이번 학기 필요한 연산만 모은 **학기별** 연산책

- **수학 전문학원 원장님들의 연산 꿀팁 수록!**
  - 연산 꿀팁으로 계산이 빨라져요!
- **국내 유일! 교과서 쪽수** 제시!
  - 단원평가 직전에 풀어 보면 효과적!
- **친구들이 자주 틀린 문제** 집중 연습!
  - 덜 공부해도 더 빨라지네?
- 스스로 집중하는 **목표 시계의 놀라운 효과!**

* 중학연산 분야 1위! '바빠 중학연산'도 있습니다!

📖 결손 보강용 바빠 연산법

분수든 나눗셈이든 골라 보는 **영역별** 연산책

- 바쁜 초등학생을 위한 빠른 구구단, 시계와 시간
- 바쁜 1·2학년을 위한 빠른 연산법
  - 덧셈 편, 뺄셈 편
- 바쁜 3·4학년을 위한 빠른 연산법
  - 덧셈 편, 뺄셈 편, 곱셈 편, 나눗셈 편, 분수
- 바쁜 5·6학년을 위한 빠른 연산법
  - 곱셈 편, 나눗셈 편, 분수 편, 소수 편

* ◯ 표시한 책은 더 많은 친구들이 찾는 책입니다!

바빠 시리즈 초등 학년별 추천 도서

학년	학기별 연산책 바빠 교과서 연산 학기 중, 선행용으로 추천!	나 혼자 푼다! 수학 문장제 학교 시험 서술형 완벽 대비!
1학년	·바쁜 1학년을 위한 빠른 교과서 연산 1-1 ·바쁜 1학년을 위한 빠른 교과서 연산 1-2	·나 혼자 푼다! 수학 문장제 1-1 ·나 혼자 푼다! 수학 문장제 1-2
2학년	·바쁜 2학년을 위한 빠른 교과서 연산 2-1 ·바쁜 2학년을 위한 빠른 교과서 연산 2-2	·나 혼자 푼다! 수학 문장제 2-1 ·나 혼자 푼다! 수학 문장제 2-2
3학년	·바쁜 3학년을 위한 빠른 교과서 연산 3-1 ·바쁜 3학년을 위한 빠른 교과서 연산 3-2	·나 혼자 푼다! 수학 문장제 3-1 ·나 혼자 푼다! 수학 문장제 3-2
4학년	·바쁜 4학년을 위한 빠른 교과서 연산 4-1 ·바쁜 4학년을 위한 빠른 교과서 연산 4-2	·나 혼자 푼다! 수학 문장제 4-1 ·나 혼자 푼다! 수학 문장제 4-2
5학년	·바쁜 5학년을 위한 빠른 교과서 연산 5-1 ·바쁜 5학년을 위한 빠른 교과서 연산 5-2	·나 혼자 푼다! 수학 문장제 5-1 ·나 혼자 푼다! 수학 문장제 5-2
6학년	·바쁜 6학년을 위한 빠른 교과서 연산 6-1 ·바쁜 6학년을 위한 빠른 교과서 연산 6-2	·나 혼자 푼다! 수학 문장제 6-1 ·나 혼자 푼다! 수학 문장제 6-2

'바빠 교과서 연산'과
'나 혼자 문장제'를
함께 풀면
한 학기 수학 완성!

영역별 연산책 바빠 연산법
방학 때나 학습 결손이 생겼을 때~

- 바쁜 1·2학년을 위한 빠른 덧셈
- 바쁜 1·2학년을 위한 빠른 뺄셈
- 바쁜 초등학생을 위한 빠른 구구단
- 바쁜 초등학생을 위한
  빠른 시계와 시간

- 바쁜 초등학생을 위한
  빠른 길이와 시간 계산
- 바쁜 3·4학년을 위한 빠른 덧셈
- 바쁜 3·4학년을 위한 빠른 뺄셈
- 바쁜 3·4학년을 위한 빠른 분수
- 바쁜 3·4학년을 위한 빠른 곱셈
- 바쁜 3·4학년을 위한 빠른 나눗셈
- 바쁜 3·4학년을 위한 빠른 방정식

- 바쁜 초등학생을 위한
  빠른 약수와 배수, 평면도형 계산,
  입체도형 계산, 자연수의 혼합 계산,
  분수와 소수의 혼합 계산, 비와 비례,
  확률과 통계
- 바쁜 5·6학년을 위한 빠른 곱셈
- 바쁜 5·6학년을 위한 빠른 나눗셈
- 바쁜 5·6학년을 위한 빠른 분수
- 바쁜 5·6학년을 위한 빠른 소수
- 바쁜 5·6학년을 위한 빠른 방정식

바빠 국어/ 급수한자
초등 교과서 필수 어휘와 문해력 완성!

- 바쁜 초등학생을 위한 빠른 맞춤법 1
- 바쁜 초등학생을 위한 빠른 급수한자 8급
- 바쁜 초등학생을 위한 빠른 독해 1, 2

- 바쁜 초등학생을 위한 빠른 독해 3, 4
- 바쁜 초등학생을 위한 빠른 맞춤법 2
- 바쁜 초등학생을 위한
  빠른 급수한자 7급 1, 2

- 바쁜 초등학생을 위한
  빠른 급수한자 6급 1, 2, 3
- 보일락 말락~ 바빠 급수한자판
  + 6·7·8급 모의시험

- 바쁜 초등학생을 위한 빠른 독해 5, 6

재미있게 읽다 보면
나도 모르게
교과 지식까지 쑥쑥!

바빠 영어
우리 집, 방학 특강 교재로 인기 최고!

- 바쁜 초등학생을 위한
  빠른 영단어 스타터 1, 2
- 바쁜 초등학생을 위한
  빠른 사이트 워드 1, 2
- 바쁜 초등학생을 위한
  빠른 파닉스 1, 2

- 바쁜 3·4학년을 위한 빠른 영단어
- 바쁜 3·4학년을 위한
  빠른 영문법 1, 2

같은 시간을
공부해도
효과 극대화!

- 바쁜 5·6학년을 위한 빠른 영단어
- 바쁜 5·6학년을 위한
  빠른 영문법 1, 2
- 바쁜 5·6학년을 위한
  빠른 영어특강 - 영어 시제 편
- 바쁜 5·6학년을 위한 빠른 영작문

바빠 초등 필수 영단어

★ ★ ★ ★ ★

3~6학년 필수 영단어를 한 권에!

초등 학년별
어휘 800개
한 권으로 총정리!

영단어 노트로
복습까지
완벽하게!

특별 부록 영단어 쓰기 노트

🎧 원어민 MP3 제공 | 바빠 초등 필수 영단어 | 15,000원

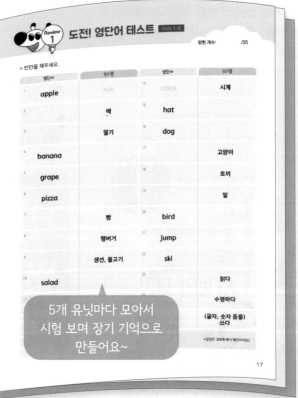

 교과서와 일상생활을 반영한 주제별로 모아 더 잘 외워져요!